時間をかけて考える

養老先生の読書論

養老孟司

毎日新聞出版

時間をかけて考える

養老先生の読書論

まえがき

定期的に書評を書いていると、こんなに溜まるものか、と思う。本書で二つ目の書評集である。毎回、自分なりに考えて、それなりに苦労して書いているから、本に再録されるとずいぶん勉強させられたなあ、と感じる。べつに嫌な感じではない。どちらかと言えばありがたい、嬉《うれ》しい。

同じ思いがありすぎて、本の紹介というより、つい自分の意見を長く書いてしまうこともあった。著者に同意しすぎて、著者の意見が自分の意見になってしまったことも多い。歳のせいで記憶力が衰えたから、両者の区別が不可能になった。書評を書いた当座はさすがに自分の意見と著者の意見の区別ができているが、しばらく年数を経るとわからなくなる。著者たちには、おかげさまで、というしかないであろう。

著作権とはなんだ。いまやチャットGTPの時代ではないか。書評はすべてAIに任せたらどうか。そんなことを思う。きっと上手に処理するに違いない。昔の人はいちいち書評なんか、書いてたんだ。若者がそう思う時代が来るかもしれない。

毎日新聞の書評欄の特徴は、取り上げる本を評者個人が選ぶことである。私自身はどの本を選ぶかについて、なにか基準を持っているわけではない。だから好みで選ぶというしかないが、それでも自分なりにこうかなあと感じることはある。基準の一つは、現実あるいは事実と、それに関する考察の釣り合いである。文学はそもそもフィクションであることが前提なので、ほとんど取り扱わない。キングのホラーを扱ったことはあるが、この著者の作品は好きだから、読者に読んでもらいたいと思って取り上げる。面白いから読んでごらん、という感じである。でも普通に取り上げるのは、背景の事実が大きい作品である。だから博物学的な本が多くなる。

さて、説明が難しくなってきた。

事実とはなにか。私はよく昆虫標本を作る。目の前に針を刺した虫の死骸がある。これはまだ事実ではない。モノそのものとでも言えようか。そんなモノは目の前にいくらでも転がっている。掃除機で吸い込めば、アッという間に目前から消える。その虫の死骸にラベルという小さな紙を付ける。そこにはその虫をどこで、いつ、だれが採ったかということだけが書いてある。虫の名前を書いたラベルを別に挿すこともある。さて、ここでなにが生じたのか。ただの虫の死骸が「標本」に変わる。そう変えたのは、なにものか。ラベル。このラベルこそ記録すなわちドキュメントなのである。シャーロック・ホームズやエルキュール・ポワロ、金田一耕助があれこれ指摘する「証拠」も、どこで、いつ、だれが、というドキュメントに基づく。

一枚の小さなラベルによって、死んだ虫は人間の世界に取り込まれる。その人間の世界とはつまり意識の世界である。科学哲学者のカール・ポパーは世界1、世界2、世界3を分けた。虫の死骸ははじめは世界1つまり物質界にのみ属していたが、ラベルが付くことによって、世界2にも出現したのである。世界1は落合陽一風にいえば、質量のある世界つまり世界プラスであり、世界2は数学や論理のように、どこのだれでも理解する心＝意識の世界を指す。現代なら情報の世界と言ってもいいであろう。情報に質量はない。世界マイナスである。世界3はある個人の心の中だけにあるもので、一般化できない。私自身は世界1と世界2の移行に関心がある。なにしろただの死んだ虫が標本に大変化する。そこが不思議に思われるので、だからドキュメント性が高い著作に惹かれるのである。

ドキュメントと事実（ファクト）の違いはどこか。これはいささか面倒である。面倒なら論じなければいい。このあたりを論じると、まえがきではなく、論文になってしまいそうである。だからこの辺でやめておく。

目次

2

問題はヒトである――自然と環境

3 日常から考える——歴史と社会

それぞれの文章の末尾には、毎日新聞掲載時の日付を記載した。

装丁・イラストレーション　重実生哉

1 心と身体

意識は信用できるのか

奇妙な時代

『寡黙なる巨人』
多田富雄著（集英社）

一昔前、東大医学部に勤めていたことがある。自分ではその時期を前世と呼ぶ。いまの私には、当時の私がもはやよくわからない。なぜなら以前の私のことは、忘れてしまったからである。なぜ前世ではあんなことが大切だったのか、なにを思っていたのか、じつはよく記憶していない。

著者は当時同じ建物で働く同僚で、ときどきことばを交わす仲だった。私より三歳年長だが、私にははるかに大人に思えた。まだこれからなにかするのだと私は漠然と思っていたが、著者は世界的な免疫研究者としての地位を確立していた。余計なお世話だが、ときどき思った。これだけの研究者を、大学は正当に遇しているのか、と。

だから退官されたときは、他人事ながらすなおに嬉しかった。著者がこういうところにいては勿体《もったい》ない。以前からそう感じていたからである。これで余計なストレスも減るに違いない。好きなお能の世界に羽ばたくこともできる。著者の鼓《つづみ》は、高校時代以来なのである。実際に新作能を書かれたりしていたが、拝見する機会を得なかった。

ところがその著者が脳梗塞《こうそく》に襲われる。本書はそれからの著者の世界を描く。脳梗塞で倒れ、意識が戻るまでに、著者は死の世界を夢見る。無限に寂しく、荒涼かつ不気味な世界を、著者はかいま見てしまう。これほど短く、みごとな死の象徴的な描写を私は知らない。お読みくださいというしかない。著者には詩人の血統があり、本書にも一篇の詩を載せる。

病の結果、著者は話すことばを奪われる。失語症ではない。球麻痺《きゅうまひ》による構音障害と専門家が呼ぶ状況である。ことばを話す運動自体ができない、つまり声が上手に出せない。ただし、ことばがわからないわけでも、作れないわけでもない。さらに水を飲んだり、食べ物を飲み込んだりするのも不自由である。すぐにむせてしまう。右半身の麻痺もある。書いてしまえばただの患者の症状だが、筆舌に尽くせぬ苦しみだと著者は繰り返す。

表題となっている「寡黙なる巨人」とは、じつはこの病の過程を通して、新たに生まれてきた著者自身のことである。なにしろほとんど発言ができず、することはきわめて不器用というしかない。巨人というものが本当にいたら、こういうふうにぎこちない動きしかできないものであろうな。著者一流のユーモアと皮肉が底に響いている。

それなら苦痛を訴えた本かというなら、とんでもない。そういう状況に置かれた人がどのように積極的に生きていくか、それを語る。

「私には、麻痺が起こってからわかったことがあった。自分では気づいていなかったが、脳梗塞の発作のずっと前から、私には衰弱の兆候があったのだ。自分では健康だと信じていたが、本当はそうではなかった。安易な生活に慣れ、単に習慣的に過ごしていたに過ぎなかったのではないか。何よりも生きているという実感があったただろうか。元気だというだけで、生命そのものは衰弱していた。毎日の予定に忙殺され、そんなことは忘れていただけだ。発作はその延長線上にあった」

そういう人々が、この現代には大勢いるに違いない。手遅れにならぬうちに、ぜひ気づいて欲しい。自分がこの世に生きている、生かされているのは、なぜか。まずなにより、自分は本当に生きているといえるのだろうか。

「まだ一人で立っていることさえままならないが、目に見えない何かが体に充《み》ちてきている。目に見える障害の改善は望めない。でも、何かが確実に回復していると感じる。どうもそれは、長年失っていた生命感、生きている実感らしい」

紹介したいことばは、いくらでもある。しかしそれは本を読んでいただけば済む。

最近になって「リハビリテーション診療報酬改定」があり、著者はその反対運動に立ち上がる。不自由な身を押して社会的に行動する。むろん厚労省はそうした声を聞かない。その裏には、病人なんか訓練しても社会的・経済的には意味がないという本音があろう。金がかかるだけ。介護保険に丸投げしてしまえばいい。リハビリが必要な病人なんか、小さな政府、国が抱え込んではいられない。

病は中立である。貴賤《きせん》優劣を問わず人を襲う。優れた病人もいれば、そうでない病人もあろう。それは健常者も同じことである。その違いを見ず、病人という括《くく》りを作り、それを切る思想がなにを生み出すことやら。

ことばが話せず、ほとんど歩けもしない患者が生きている強い実感を持ち、生きている実感なんて、思ったこともないであろう人々が法や規則を作り、世間の状況を左右する。子どもは減り、自殺者は減らず、現職の大臣すら自死する。こんな奇妙な時代が、はたして史上にあっただろうか。

（２００７年９月２日）

見るとはどういうことか

『見る　眼の誕生はわたしたちをどう変えたか』
サイモン・イングス著、吉田利子訳（早川書房）

久しぶりに時間をかけて考える本を読んだ。とくにむずかしいことが書いてあるわけではない。見ることと、眼《め》について、さまざまな科学的な話題が紹介してあるだけである。著者はロンドン在住のサイエンス・ライターで、眼の専門家ではない。

専門家が書いた本でないから、素人にもわかりやすい。でも扱われていることが、正解があるとは限らない話題だから、読者としては思わずあれこれ考えてしまう。そういう意味では、確実な知識だけ伝えようとする教科書とは違って、逆にいい勉強になると思う。見ることに関心のある人なら、読んで損をしたとは思わないはずである。

視覚を取り扱った一般向けの本には、専門家の書いたものを含めて、定評のあるものがすでにいくつかある。その中で、本書は扱う範囲が広いという特徴がある。きわめて多面的な視点から、眼と視覚についてのさまざまな話題を取り上げている。私自身も知らなかったことがあり、たいへん参考になった。そのかわり一つの話題を長く論じることがない。だから読者は考えるのである。

前半は動物の眼を含めた、進化学的、比較解剖学的な話題である。たとえばダーウィンが難問とした眼の進化について、スウェーデンの二人の科学者の計算機によるシミュレーションが紹介されている。これによると、平たい上皮から陥凹《かんおう》した眼が自然に発生するまでに、ほぼ四十万世代だった。年に一回、世代交代をするとして、五十万年足らずで眼が進化することになる。これでは化石に証拠が残らない。むろんこの結論が「正しい」とは一概にいえない。計算の前提があるからである。そういう見方もできるか、と思うべきであろう。

後半は視覚の生理学で、「見るとはどういうことか」を論じる。最近の心理学や脳科学の結果を要領よく伝えている。さらに研究史がていねいに紹介されているので、わかりやすい。過去の研究者の仕事を具体的に説明してくれるから、問題がわかりやすくなる。

　いまでは子どもたちに実験で科学を教えようという工夫がいろいろなされている。この本を読みながら、私にもいくつかアイディアが浮かんだ。昔の科学者が行った基本的な実験を、そのまま繰り返してもいい。当時は特別な道具がなかったから、そこらにあるもので間に合わせた。それならいまでもできるはずである。光の回折から色彩の問題まで、ニュートンの時代の実験なら、簡単にできる。でも気の利いた先生や生徒なら、「そんなことはわかっている」というであろう。どうもそこに問題があるような気がする。

　科学離れがいわれるが、それはじつはわれわれの日常と関係している。学校のカリキュラムの問題ではない。インターネットは既知のすべてを情報化し、それを参照したほうが考えるより早いという時代になった。だから考えないので、生きものはふつう、ムダなことはしなくなるのである。

だれでも毎日、いつでもなにかを「見ている」。でもいったい自分がなにを見ているのか、意識したことがあるだろうか。テレビを見るとか、メールを見るとか、見ることはもっぱら目的行動になった。その結果、人は意外なことに、「ものを見なくなった」のである。本書の最後は「見えないゴリラ」という章である。これは有名な実験である。白と黒の二チームが入り乱れてバスケットの練習をしている。そういう短いビデオがある。被験者にこれを見せて、たとえば「白チームは何度パスをしますか」という課題を与える。ほとんどの被験者は見終わって「三回です」と正解する。「ほかになにか見えませんでしたか」とさらに訊《き》く。やはりほとんどの人が「いいえ」とか、「べつに」とか答える。しかしこのビデオでは、画面の中央を、ゴリラのぬいぐるみを着た人がゆっくりと横切るのである。見ている人に、それはなんと見えていない。

私たちは「見る」ことのような日常的な行為を、当然として受け取るようになった。しかしそれは決して当然ではない。この本を私がていねいに読んでしまったのも、その思いが最近常にあったからである。現代人ほど、決まりきったことを考えることに慣らされた人たちは、歴史上なかったんじゃないだろうか。そんなことを思う。

動物がどうものを見ているか、いったいその眼がどうなっているのか、それに関心を持つことは、結局は鏡で自分を見ているのである。こうしたことをムダだと思わず、ぜひ関心を持っていただきたいと思う。いったんそうした世界に触れると、世界がどこまでも広がって行くことがわかるであろう。

来年は第十回生物多様性条約締約国会議が名古屋で開かれる。そのキャンペーンに環境省は苦労している。でもこの本を読んで、生物の眼の多様性を知っただけで、「多様性」という言葉の具体的意味がしっかりと感じとれるはずなのである。

（２００９年5月17日）

天国は存在するか

『プルーフ・オブ・ヘヴン　脳神経外科医が見た死後の世界』
エベン・アレグザンダー著、白川貴子訳（早川書房）

この表題は文字通り「天国があるという証拠」と訳すべきか。天国というと至福の世界と思う人がいるかもしれないから、むろん地獄もあるということで、「霊的な世界の存在証明」が著者の真意に近いかもしれない。

著者は米国の脳神経外科医で、五十四歳のときに大腸菌による脳脊髄《せきずい》膜炎に罹患《りかん》し、七日間意識不明という重篤な状態に陥る。一千万人に一人という稀《まれ》な病で、外部から病原菌が入る機会がなかったはずなのに、なぜこういうことになったのか、明らかではない。しかし著者は奇跡的に回復する。その際の臨死体験の記録が本書になった。

本書の特徴の一つは、家族との深い関係が病気の状況と同時進行的に描かれることである。そこから著者がじつは幼児期からの養子であること、実の父母を探したこと、親に見捨てられたのではという強い喪失感があったこと、などがわかる。会ったことがない女性が臨死体験のなかに現れ、それがすでに死んだ実妹だったと後に気づく。

なぜそうした記述が重要なのか。周知のように、臨死体験の内容は多くの例に見られる共通点と、まったく個人的な部分とから成り立つ。それは一般の個人的体験そのものと同じことである。著者は意識的にか、無意識的にか、個人史を基礎にして、自己の臨死体験内容の心理分析を同時に行っている。

この臨死体験の結果、著者は霊的世界の存在を世界に訴えなければ、という強い使命感を抱く。そこでこれまでの膨大な臨死体験の記録と研究を調査し、さらに自分でも本を書こうとする。それに忠告したのは息子である。「観察が第一、解釈は二の次、とお父さんはいつも僕に言っていた。自分の体験を科学的に価値のあるものにしたいと考えているのなら、ほかの体験例と比較する以前に、純粋に厳密な記録を書き留めることが先決じゃないか」。

強烈な臨死体験は「その人を変える」力を持つ。著者がまさにそうで、体験後はいわゆる唯物的な自然科学者からまったく変貌してしまう。ただし書かれた内容は解釈を抜くどころか、解釈に満ちている。著者は根本的に臨死体験した霊的世界こそ「現実」であると見なす。だからいわゆる現実の脳は「より高次の（霊的）世界への接触を遮断する」ものとして働くという。脳は非物質的世界における非身体的意識つまり霊的世界を狭め、「減圧弁またはフィルターとして、生きてこの世界にいるわれわれに、許容できる範囲に制限する」働きをしていると解釈する。これはいわゆる現実と霊的世界を折り合わせるときの、上手なメタ・レベルの解釈であろう。

評者自身はこういう体験をしたことがないし、それによって自分が変貌した覚えもない。現代の脳科学が臨死体験の詳細について語ることを知りたい読者には、最近の書物としてはケヴィン・ネルソン『死と神秘と夢のボーダーランド』（インターシフト）をお勧めしたい。この本の中では臨死体験は覚醒とレム睡眠の切り替えのスイッチに問題がある人の場合に起こるとされている。あるいは臨死体験が現実以上に強い現実感を持つのは、明晰夢《めいせきむ》に近いからだという。

アレグザンダーが霊的世界の中心に位置づけるのは愛である。そこには日常生活の基本となるキリスト教の影響が強く感じられる。本書は全米で二百万部を売ったという。現代の調査では日本人は世界でもっとも世俗的とされる。その意味ではネルソンの本のほうが受け入れられやすいであろう。もし読まれるなら、両書の併読をお勧めしたい。

（2013年10月20日）

情動から育てよ

『アインシュタインの逆オメガ　脳の進化から教育を考える』
小泉英明著（文藝春秋）

奇妙なタイトルだと思われるであろう。アインシュタインの死後、その脳を調べたら、大脳皮質にギリシャ文字のオメガ（Ω）を逆さにした形に突き出て見える脳《のう》回《かい》が見つかった。脳回とは脳溝と脳溝の間の平坦《へいたん》な部分である。これがアインシュタインの特異な能力となにか関係するのか。解答は本書を読んでくだされればいい。

本書の主題はそれではない。端的にいえば進化教育学である。つまり教育を生物の進化、さらには脳の進化と関連付けて確立しようとする分野、といっていいであろう。人の教育には年数がかかる。成人するまで二十年、大器晩成ならひょっとすると中年過ぎまで、成果が確認できない。だから教育についての議論は昔から数多く、しかも根拠が判然としない。そこになんらかのきちんとした根拠を求めるなら、著者の考え方や方法論がもっとも科学的であり、合理的である。ただし進化から教育までの距離が遠いから、野心的な試みといってもいい。

だから本書の前半は生物進化、さらに脳の進化の概説である。一般向けに簡にして要を得ており、しかも現代の知見をきちんと記している。十分に教科書として使える。基本になるのは「個体発生は系統発生を短く要約して繰り返す」という、ヘッケルの生物発生基本原則である。これを論じると長くなるが、日本では三木成夫《しげお》の業績を著者は好意的に評価している。

ヘッケル説は以前から英米の学界では評判が悪い。他方本書にも記されているように、好意的評価がないわけではない。私見だが、学者が論文を書く態度はまったくのヘッケル説なのである。これまでの研究者が当該の主題についてなにをしてきたか、「短く要約して」繰り返す。その後に自分の新知見を加える。それで当該学問分野の進歩、つまり進化が起こる。

自分が日常やっていることなのに、どうしてそれを否定するのか。それが私の疑問だった。でも研究と生物進化はまったく違うじゃないか。その考えに落ちているのは、研究論文であろうが進化論であろうが、どちらも考えているのはヒトの意識だということである。経験主義志向の強い英米の学界では、外部データを扱うのが科学だ、という暗黙の了解が強いのかもしれない。考えているのは自分ではないか。でもそれを断固無視する。その態度をあえて「客観的」とする。

後半は実際の教育に関する大切な部分である。そこではたとえば音楽とくにヴァイオリン演奏の脳に対する影響が論じられる。それがアインシュタインや三木成夫の話になる。早期教育について著者はいう。「早いうちに大人のできることをやらせよう」という考えは間違っている。「生きるために最低限必要な器官から順に進化した」のであり、成長は進化の順をたどる。教育でそこを無視していることが、児童虐待や自殺など、さまざまな問題を引き起こしている。人間の基本的な情動を育てることが早期教育の要だ、と。

著者は現在日立製作所の役員待遇フェローで、光トポグラフィーという脳の非侵襲的計測装置を開発した、本格的な科学者であり、人柄は温厚篤実である。本書には多くの図が使われており、記述は平易で読みやすい。でもじつは各部分について、かなりの読み込みと理解力が要求される。教育に関心を持つなら必読の書であり、教育の分野で教科書として使われてもいいと思う。念のためだが、ヴァイオリンさえ弾かせれば、だれでもアインシュタインになれるというわけではない。

（2015年1月11日）

生物とは何か

『バイオエピステモロジー』
米本昌平著（書籍工房早山）

表題（バイオエピステモロジー）を見ただけで、尻込みする人がありそうである。むずかしいんとちゃうか。関西人ならそういうかもしれない。逆に、ナニナニ、読んでみようかな、と刺激を受ける人もあるかもしれない。べつにむずかしくない。生きものを本気で「科学的に」理解しようと思う人なら、この本の内容はよく理解できるはずである。

生物と無生物の違いは、ほとんどだれでも知っている。では訊《き》くが、どこが違うのか。生物には無生物にはない、なにか根本的な性質があるでしょうが。素直にそう思った人は現代の生物学ではバッテンが付く。そういう考えを生気論という。まあ十九世紀の残渣《ざんさ》だなあ。そういわれるであろう。生物は細胞からできている。その細胞は分子からできていて、その分子は物理化学的にふるまう。だからそれを全部調べ上げれば、細胞は理解できる。たぶんそう教えられると思う。

以前書いたことがある。人間はロケットを飛ばして月に行った。でも飛ぶというなら、ハエでもカでも飛ぶ。悔しかったら、ハエでもカでも作ってみろ。

バイオエピステモロジーとは、生物をどう考えるか、その基本となる考え方である。直訳すれば、生物の認識論である。著者はそれを自然哲学と呼ぶ。そして話は十九世紀ドイツの自然哲学、ドリーシュを代表とする生気論から始まる。なんでそんな古臭い、いわば死んだような学説を持ち出すのか。それにはきちんとした理由がある。現代生物学つまり細胞生物学、分子生物学が、暗黙に依《よ》り立っている哲学がある。それがどういうものであるか、現にその分野で働いている研究者たちは、それをかならずしも意識していない。それをきちんと意識させるために、現在と過去を対比する必要がある。著者はそれを「冥界対話」と呼ぶ。じつは生気論は過去の亡霊だとする、その思い込みこそが、むしろ過去の亡霊なのである。著者はそれを現代の分子生物学の教科書から例示して指摘する。

それなら生気論が正しいのか。そんなことを著者は主張していない。歴史的な探求の後で、話は熱力学の第二法則をめぐる論考になる。「エントロピーは増大する」という、あれである。文系の人がこの本を読むときに、おそらくいちばん難渋するのは、ここだと思う。高校までの物理では、たぶん熱力学を教えていないからである。

大学の一般教養の授業で、学生に訊いたことがある。コップに水が入っているとする。そこにインクを一滴落とす。しばらくするとインクが消える。どうしてか。学生の返事は見事なものだった。「そういうものだと思ってました」。考えない、考えたくない。そのためには、こういう態度がもっとも効果的である。大学入学まで、長期にわたる教育課程の中で、学生はいかにすれば考えないで済むか、それを上手に学んでくるのであろう。

ネズミに青い色素を注射する。学生実習の準備で助手のころにやったことがある。一週間続けるとネズミが全体に青くなる。このネズミの皮膚をとって顕微鏡で見る。青い色素はすべて、細胞の中の粒に取り込まれている。コップの水と違って、ネズミの体全体に均等に分布しているのではない。しかも脳はほぼ真っ白。これが生きものなのである。

とりあえず第二法則を理解しているとしよう。それなら世界は秩序から無秩序に向かうはずである。生きものはその点では例外だといっていい。どうしてそうなるのか。著者は細胞について「C象限の自然」という表現を与える。それは「細胞膜から内側の小世界は、それ自体が、熱力学第二法則に抗する機能を分子の組合せとして実現した自然の領域」だと定義される。Cとは細胞（Ｃｅｌｌ）を意味する頭文字である。

この先の論考は実際に本を読んでもらったほうがいい。ただし提示されているのは解答ではない。哲学つまり見方である。細胞をこう考えれば、生命の起源も具体的に考えやすくなる。

　著者は現代の生物学が依って立つ基盤を「薄い機械論」だと表現する。徹底的な機械論、つまり無生物も生物も完全に同じだといえば「強い機械論」だが、タテマエ上ならともかく、分子生物学者もそこまではいわないであろう。そういってしまえば、生物学自体が本質的には不要となる。さらに、じゃあ生きものとはなんだ、と問われて、返答に困るはずである。

　本書は現代生物学批判として出色のものである。生物学に関わるか、それに関心を持つ人にとって、必読の文献であろう。本書を読んで、私は大学紛争の当時を思い出した。なぜ学問をするのか。当時の学生は、語の真の意味でのラディカルな疑問を大学人に突き付けた。このことが、当時「あたりまえの」研究者として立つつもりだった私の一生を、ある意味で変えてしまった。著者はあくまでもラディカルに、すなわち根源的に、考えようとする。これが哲学の王道であろう。

（２０１５年10月４日）

要約して繰り返す

『ヘッケルと進化の夢《ファンタジー》　一元論、エコロジー、系統樹』
佐藤恵子著（工作舎）

生物学の領域では、十九世紀のドイツ自然哲学は戦後の米国流の実験室の生物学に席巻され、息をひそめていた感がある。それをいわば糺《ただ》すものとして、前回は米本昌平の『バイオエピステモロジー』を紹介した。今回はヘッケルである。

ヘッケルのいう生物発生基本原則「個体発生は系統発生を要約して繰り返す」は、生物学を学んだ人であれば、まず聞いたことがあるに違いない。私の先輩だった芸大教授の三木成夫は、自他ともに許すヘッケル主義者だった。学界が論文の数や時代の趨勢《すうせい》で研究者を評価するシステムでなければ、三木の存在と与えた影響は大きかったというべきであろう。東大医学部で三木が解剖学の特別講義をしたとき、出席していた学生から、講義の最後にひとりでに拍手が起こったことを記憶している。こういうことは長い教壇生活で、後にも先にもこのとき、ただ一度しかなかった。

その割にはヘッケルの仕事は、我が国では本格的に紹介されていない。本書はその点を補い、当時のヘッケルの実像に迫ろうとする。実際にヘッケルの大著『有機体の一般形態学』は難解で、この忙しい時代にいまさらこれを読もうとする人などほとんどあるまい。著者はそれを翻訳する代わりに、本書の第一部「生涯と一元論の構想」の中で、まずその要旨を解説する。ヘッケル入門として上手な扱い方であろう。

第二部は「一元論のもたらしたもの」として、ヘッケルの思想の解説とともに、それが与えたさまざまな社会的影響について解説する。たとえばエコロジーはそもそもヘッケルの造語だが、内容はともあれ、いまではそれを知ってエコという言葉を使う人はほとんどいないであろう。生物学への影響はもとより「科学の自由について」「ドイツ一元論者同盟と教会離脱運動」「ヘッケルの人種主義と優生思想」など後半の章では、ヘッケルやヘッケル主義者たちの当時の社会的活動を解説する。

　こうした紹介では、要するに歴史の話、昔のことだと思われるかもしれない。じつはヘッケルが与えた影響は「とくに人間精神への応用」について大きかったし、おそらくいまでも大きいのである。日本では古くは夢野久作の『ドグラ・マグラ』の「胎児の夢」にそれがみごとに描かれている。最近では、ここの書評でも紹介した（26P）小泉英明の『アインシュタインの逆オメガ』は、脳の発達から見た幼児教育に関する論考だが、ここでもヘッケルの原則が基本になっている。スイスの心理学者ピアジェなど、子どもの精神の発達を考える研究者には、ヘッケル主義者が多かったのである。

　私見だが、ヘッケルの「個体発生は系統発生を繰り返す」は、じつは情報に関する法則である。それは学者や研究者が論文を書くときのやり方に歴然と表れている。ある主題について、先行研究の結果を「要約して繰り返す」。その後に自分の成果を付け加えて「学問が進歩する」のである。こういう意見はほとんど冗談だと思われるだろうが、私はそう思っていない。思えば十九世紀のメンデル、ダーウィン、ヘッケルの法則はいずれも情報に関する経験則である。われわれは情報という言葉をごく日常的に使う。しかしその意味を真剣に考える機会は少ない。情報は意識、つまり脳が扱うものであることを考えれば、ヘッケルの法則と人間精神の発達が関連することは当然なのである。

（２０１５年11月15日）

病気に対する本能

『心を操る寄生生物　感情から文化・社会まで』
キャスリン・マコーリフ著、西田美緒子訳（インターシフト）

寄生している生きものが宿主《しゅくしゅ》の行動を操作する。寄生虫が自分の生存に都合のいいように相手を動かしてしまう。そういう事実がいくつも知られるようになった。おそらくテレビや書物で、そうした例を見聞きしたことがある人は多いと思う。

たとえばある種のハリガネムシは、コオロギを操作して、水に飛び込ませるようにする。水に飛び込んだコオロギは間もなくカエルや魚に食べられ、ハリガネムシは水中に脱出して、次の宿主を探す。べつな吸虫《きゅうちゅう》は磯の小魚の脳に取り付き、小魚の行動を左右する。取り付かれた魚は水面近くで反転するという行動を頻繁にとるようになり、これは目立つので、鳥に食べられやすくなる。魚が食べられたら、吸虫は今度は鳥の腸で育つ。こうした既知の例を挙げていけば、いまでは相当な数になる。本書の最初の三分の一は、こうした事例を扱う。専門的には神経寄生生物学と呼ばれる分野である。

次の三分の一は、われわれヒトにも常在、あるいは感染している微生物と、宿主との関係である。たとえば世界人口の三十パーセントの感染者がいるとされるトキソプラズマ。この原虫は脳に親和性があり、ひょっとすると交通事故を起こしやすくしたり、統合失調症を引き起こす可能性があるのではないか。それなら撲滅しろと、即座に思われるかもしれない。しかし感染者は男性では男性ホルモンの産生が盛んになり、ひょっとしたら、感染前よりモテるようになるかもしれない。

現代医学では、人体に住み着いているウイルス、細菌、原生動物、菌類その他を合計すると、百兆個体の桁になるとされる。こうした微生物起源の遺伝物質の総量は、自前の遺伝物質の百五十倍にもなるという。そうした微生物が、われわれに影響を与えていないはずがない。たとえばマウスの実験では、物静かで仲間との交流が少ない系統と、神経質で活動的、社交的な系統のマウスを使って、それぞれの腸内微生物相を、それぞれの系統の無菌マウスに交叉《こうさ》移植した。結果は明らかだった。マウスの性格はそれぞれの系統で逆転したのである。「空腹感と体重をコントロールする」という章は、とくに一般の人が読む価値があろう。腸内微生物相の違いが痩せや肥満を大きく左右する。さらに進化的な理由がある可能性が指摘されている。腸には多数の神経細胞があり、第二の脳とも呼ばれている。ひょっとすると、腸の神経細胞のほうが、脳より先にできたのかもしれないのである。

本書の最後の三分の一は、病気に対する対策としての本能の章から始まる。それが次章の「嫌悪と進化」という話題に発展していく。さらに偏見や移民問題、政治や宗教、最終的には文化・社会の違いにまで議論が進む。嫌悪は強い感情で、それが社会に大きく影響するのは、多くの人が気づいている。その根本は感染症に対する警戒から生まれた可能性を著者は強く指摘する。たとえば感染症を警戒しなければならない地域では、握手ではなく、お辞儀になったのかもしれない。

一つだけ、注意が必要かもしれない。微生物がヒトを操作するというのは、あくまでも比喩であり、表現の問題である。微生物に意図があってそうする、そういうことではない。しかし欧米の書物では、しばしばこの種の表現を目にする。一神教では、世界の創造主として、人格神を想定する。その癖かもしれないなあ、と思う。

（2017年5月21日）

画像優先の現代

『視覚の生命力　イメージの復権』
柏木博著（岩波書店）

本書は視覚に関わるさまざまな分野を、著者の視点から渉猟している。副題は「イメージの復権」。序説では、文字ないし音声による言語優先の思考ではなく、図像あるいは視覚的印象が優先していく現代について、その根拠を語ろうとする。

主体は三部構成になっており、第一部は具体的な部屋である。抽象的な議論が苦手な人は、ここから読みだしてもいい。部屋は個人の視覚印象を典型的に語ることがある。最初は画家である金子國義の部屋の紹介である。金子はその部屋でないと落ち着かない。そこにじつにさまざまなものを持ち込んでいて、それが丁寧に紹介される。最後にこれがゴミ屋敷に地続きになるという文章を読んで、思わず笑った。

次は正岡子規である。子規は結核による脊椎《せきつい》カリエスで、晩年の三年間はほとんど病床から動けなかった。できたことは見ることだけ、それもたとえば部屋の障子を当時は輸入品だった板ガラスに替える。これで庭を見ることが可能になったのである。やむを得ずだが、六畳の病室に籠り、見ることしかできなくなった人の視覚への執着を語る。まさに視覚の生命力であろう。

第二部は「見るための装置」と題されている。即座にカメラと写真が連想されるのは当然であろう。しかし窓もまた、視覚の装置であり得る。パソコンのウィンドウズをここで想起する人もあろう。世界に開く窓である。バウハウスの写真の解説がやや大きな部分を占める。たとえば人物像は眼《め》をつぶっている。眼をつぶった顔、これは写真でなければ、自分には見えない顔である。

技術的に写真が作られ得るようになってから、写真とはそも何ものかという認識がなされていくまで、百年という歳月が経《た》つ。いまではスマホで写真を撮ったことがない人は少ないはずである。にもかかわらず、写真とは何か、その正体について思いをめぐらすことは、ほとんどないと思う。便利なものを手にすると、われわれはそれにむしろ「使われてしまう」。コンピューターで現在起こっていることもそれであろう。

第三部は視覚を論じるにしては矛盾と思われる「見えない世界」である。視覚で捉えられるものと、不可視なものとの関係と呼んでもいい。記憶もそうだし、シャーロック・ホームズもそうである。探偵は微細な兆候から多くのものを「読み取る」。だからこの項は医学の話にもなっていく。コナン・ドイルは医師でもあった。最後に論じられるのは、つげ義春の「夢の散歩」である。視覚を論じるなら、マンガは落とすことができない主題だからである。

著者はかならずCDを聞きながら、原稿を書くという。音楽は音だけでなにかを伝達するという、典型的な聴覚表現である。視覚表現を論じるときに、これほどもっともなやり方はない。なぜなら著者は図像や視覚印象について本を書くという言語表現をするわけだが、言語は聴覚と視覚の共通情報処理として成立するからである。絵画と音楽の重なる部分に言語が成立する。だから著者のやり方こそが、まさにバランスなのである。

本書は世に学問と呼ばれるような、系統的な本ではない。そう思った読者は、もう一度、視覚印象について考えていただきたい。視覚印象とは、まさにそういうものである。音楽は時間の中を一筋に流れる。画像はそうはいかないに決まっているではないか。

（２０１７年10月１日）

心の中にあるもの

『こころは内臓である　スキゾフレニアを腑分けする』
計見一雄著（講談社選書メチエ）

べつに奇を衒《てら》った表題ではない。著者は広辞苑を引用する。「禽獣《きんじゅう》などの臓腑《ぞうふ》のすがたを見て、コル（凝）またはココルといったのが語源か。転じて、人間の内臓の通称となり、更に精神の意味に進んだ」。著者の愛読書は中野重治の『むらぎも』だったという。むらぎもは心の枕詞。

副題は「スキゾフレニアを腑分けする」。現在は統合失調症と表現することになっているが、著者はそれが気に入らない。だからスキゾフレニア。さらに内臓だから腑分け。

著者は生涯をかけて、スキゾフレニアつまり統合失調症の患者さんを診療してきた。現在もそれを続けている。半分は公立病院勤務、半分は私立病院。ゆえにどちらも知っているという。公立では千葉県精神科医療センターを「精神科救急」専門の病院として日本で初めて立ち上げ、院長を務めた。

この病気は難病で、だれでも罹患《りかん》する可能性がある。かといって原因不明だから、予防のしようがない。しばしば難治で、治療には長い時間が必要となる。しかし長期入院は治療的に有害である。だから救急、つまり早期治療が大切である。著者は薬物治療の草分けでもある。しかも心は人が人であることの根源と見なされてきた。その障害は洋の東西を問わず社会的偏見と結びつきやすい。

「精神医学は医者の仕事をしてきたか?」という著者の疑問の背景には、こうした長年の事情がある。こうすればアッという間に治ります。そういう手軽な解答がない。現代人がいちばん苦手とする分野であろう。対応に努力・辛抱・根性が必要なのである。コンピューターに相談したって、答えは出ませんわ。

内容は十章に分かれている。ただし論理的、系統的に配列されているわけではない。そこにもこの病の特徴が出ているというべきであろう。実際に患者さんの相手をして、反応を観察し、そこからボチボチ考えて行くしかない。そう思ったら、これは博物学の領域だなあと感じた。つまり現代科学が置いてけ堀にした分野である。

患者さんとのやり取りで、著者の実体験が記されている部分がじつに興味深い。そこから浮かび上がってくるのは時間のズレ、同じ現在を生きていないこと、さらには運動と思考の停止である。患者さんの心の世界にいったい何が起こっているのか、それが少しずつ見えてくる。第七章は「身の内にうごめくもの、その否認」と題されている。

「打倒すべきものが目に見え耳に聞こえているうちは、たいしたことではない。私の患者たちにとっての禁止はもう少し深刻な事態で、心の中にあるものに『形式を与えてはならない』ということのように思える。形式を与えてはならないのは、心の中に棲《す》む得体《えたい》の知れないものに対してであろう」。

これを読んで、私はほとんど「背筋が寒くなる」のを覚えた。まさにそういうことなのである。病者ではなく、健常者についていうなら、ここにこそ創造の秘密が隠されているというべきか。

心の病と天才の創造性の間には深い関係がある。それは多くの人が気づいてきたことである。スキゾフレニアは時に高貴な病と見なされることもある。それはヒトの生き方と倫理の根本と関わる禁忌、「心に潜む得体の知れないものに形式を与えるか否か」に関わるからであろう。

（２０１8年2月11日）

喜怒哀楽はどこから生まれるか

『情動はこうしてつくられる　脳の隠れた働きと構成主義的情動理論』
リサ・フェルドマン・バレット著、高橋洋訳（紀伊國屋書店）

最近の脳科学の動きを知るために、たいへん良い本である。ただし著者のいう古典的な脳科学の教育がしっかり入っている人には、いささか読みにくいかもしれない。

主題は喜怒哀楽という言葉に代表される情動である。脳には主として情動を担う部位がある。たとえば大脳辺縁系。私のように古い教育を受けた者には、そういう知識がしっかりと入っている。

著者はそれをほぼ全面否定する。そもそも喜怒哀楽、情動とはどういう基準で確定されるか。顔の表情でわかる。ではそれを解析してみよう。表情は顔面筋の動きで測定可能なはずである。では怒りの場合に、どの筋肉がどのくらい動いているか、たとえば筋電図で調べてみよう。結論ははっきりしている。定まった結果が得られない。

調査不足じゃないのか。もちろん、いくら調べても、そう反論することは可能である。無限にデータをとることはできないからである。でもともあれ、事実は通説とは逆のことを指しているらしい。その方向で考えてみたらどうか。

ここ三十年の脳科学では、生きた脳を非侵襲的に調べることができるようになった。fMRIはその典型である。脳磁図も脳波も近赤外線も使える。それでわかることは、活動している脳の部位である。逆に言えば、それしかわからない。その結果を見ていれば、なにをするときに、脳のどの部位が働くか、その解析が中心になってしまう。例数が少ないうちはそれでよい。しかしたくさんの例が調べられるようになって、データが蓄積すると、いくらでも例外が出てくる。著者の仕事はまさにその段階で始まった。

脳機能に関する研究には、はじめから二つの立場がある。全体論と局在論である。非侵襲的な手段による脳研究は局在論にならざるを得ない。脳のどこが働いているか、いわばそれを見るだけだからである。その意味では著者の立場は全体論である。たとえば縮重という現象がある。良い訳語ではないが、まあやむを得ない。これは同じことをするのに、脳内の違う経路が使われる場合をいう。物理学者のファインマンは、自伝の中で黙って数を数えるという例を挙げている。このときに、声を出さずに、でも頭の中で声を出して数える人が多い。日めくりカレンダーを使う人もいる。日本人ならソロバンをはじくというほうがわかりやすい。声で数える人は、数えながら本が読める。カレンダーをめくる人は、数えながらおしゃべりができる。どちらの人も逆はできない。同じ結果を出すのに、違う経路を使われたら、ある働きに関して、脳のどこが使われているのか、簡単に結論が出せない。

同様にして、さまざまなことをあらためて考え直す必要がある。著者はそれを試みる。従って、多くの概念をあらためて見直し、さらには新語を作りださなければならない。だから古典的な脳科学の教育を受けた人には、読みにくいだろうと思う。古典的には常識になっていることを変えなければならない。著者は学会で聴衆の一人を怒らせたという挿話を紹介する。無理もないと思う。常識を変えるのは簡単ではないからである。

新しい見方は、新しい用語を必要とする。水は子どもでも知っている物質である。しかし化学ではそれをHとOで記す。HもOも日常とはなんの関係もない、その意味では未知の概念である。HやOという未知の概念で、水という既知の物質を説明する。既知を延長すればわかる。それは知的怠惰である。著者と訳者は、巻末に丁寧な解説資料を付している。これを大いに参考にしてほしい。（２０１９年12月１日）

物理学者が語る時間論

『時間は存在しない』
カルロ・ロヴェッリ著、冨永星訳（ＮＨＫ出版）

物理学者が書いた時間論だが、じつに面白いと思う。全体はほぼ三部に分かれており、最初の部分でニュートン的だった「時間の崩壊」を扱う。ここではアインシュタインの相対性理論だけではなく、現代物理学に至るまでの、熱力学の基礎を説明する。

第二部の「時間のない世界」はごく短いが「時間は存在しない」という表題に合った議論がなされる。その結論は「存在するのは、出来事と関係だけ。これが、基本的な物理学における時間のない世界なのである」。ほとんど仏教を想起しないだろうか。

第三部は「時間の源へ」である。著者も指摘しているが、第三部の初めの部分は理解が難しい。ただしそこを飛ばしても大丈夫である。続いてきわめて魅力的な考え方が提示される。時間の矢と表現されるもの、つまり時間には過去から未来に向から方向性がある。ところが古典的な物理の方程式では、時間の向きが決められていない、つまり方程式の中の時間の変数tは正負どちらの値も取りうる。しかし生物にとって、時間は過去から未来に向かってのみ、流れる。熱力学の表現を使えば、ひたすら「エントロピーは増大する」。ここで著者は興味深い指摘をする。私たちの住む宇宙（の一部）、その始まりがエントロピーが低い状態だったのではないか。宇宙はほとんど限りなく広い。だからさまざまな状態が部分的にあったとしても不思議ではない。エントロピーが低い状態にあった、その宇宙の一部から、進化という過程を経て、ヒトが生まれたのである。ああ、そう考えればよかったのか。

若い頃に、私は物理学者の渡辺慧《さとし》の議論を読んだ記憶がある。そこでは生物の持つ合目的性と、熱力学の第二法則の関係が述べられていた。渡辺はドンブリとパチンコの玉を使ってそれを説明していた。ドンブリの縁からパチンコ玉を落とす。玉は振動しながら、最後にはドンブリの底に停止する。透明なドンブリだったとして、この状況を映画に撮る。その映画を逆まわしすると、底にあった玉がしだいに動き出し、やがて最初に玉が落とされた部位で停止する。でもそれが正確にどこなのか、映画からはわからない。どこで止まってもいいからである。これでは生物の特徴である合目的性が成り立たない。だから生物が生きるためには、時間はエントロピーが増大する方向でなければならないのである。

最初、これは受け入れがたい説明に感じられた。ただ長年考えているうちに、それでいいような気がしてきた。本書を読んで、ますますそれでいいような気がしてきた。脳とは不思議なもので、考えているうちに、それでいいような気がしてくることがある。たぶんそれでいいのだと思うが、それは正しいとか、間違っているということとは少し違う。自分の頭の中の整合性の問題なのであろう。

本書の第三部は、ほとんど詩的な考察といってもいい。思わず引き込まれて読んでしまった。時間に関する議論というと、普通は哲学や数学を想起するかもしれない。でも著者は感情を否定しない。むしろ感情こそが、無味乾燥に陥りがちな抽象的な議論を、生き生きと感じさせてくれる。ただそのことを実際に議論として具体的に示してくれる著者は稀有《けう》であろう。「人生――この短い人生――は、さまざまな感情の間断ない叫びにほかならない」。かく述べる著者が時間を論じる物理学者だとは、常識家は夢にも思わないはずである。イタリア人は生きることをよく知っている。日常の利害得失、愛憎を離れて、考えることを真に楽しみたい人に、ぜひお勧めしたい書物である。

（2020年2月2日）

意識はどこまで信用できるか

『クオリアと人工意識』
茂木健一郎著（講談社）

人工知能ＡＩという言葉をメディアで見聞きしない日はほとんどない。知能は意識を伴うのだろうか。機械の中に意識は生まれるのか。そもそも意識とはなにか。電気かエネルギーか熱か重力か、科学ではどう定義されるのか。私の意識はこの宇宙に一つしかなくて、やがて失われて消えてしまうのか。本書はそうした疑問を扱う。むろん解答があるわけではない。

意識といういちばん大切な問題を学者はあんがい正面から考えない。というのは、ある種の知恵かもしれない。そんなこと考えたって、いわば自分の足元を掘り崩すだけで、ロクなことにはならないよ。もっと「現実的な事を考えなさい」。著者は本書でいわば愚直に意識の問題を扱っている。意識という問題は学問にとって極めて重要である。すべての学問が意識という場の中で行われるからである。学問に限らず、現代では社会全体が意識化され、情報化とか透明性と言われるように、すべてが意識化されなければならないことになってきている。私はそれを脳化社会と呼んできた。

本書は十章からなる。「人工知能と人工意識」から始まり、「知性とは何か」「知性に意識は必要か」「意識に知性は必要か」「統計とクオリア」「人工知能の神学」などと意識に関して重要と思われる主題はほぼ尽くされている。意識に関する教科書として、十分に使える範囲をカバーしている。

私ならさらに「意識はどこまで信用できるか」という一章を付け加えたい。意識は出たり引っ込んだりする。一日のうちにかならず消えて翌日になるとまた出てくる。その「出入り」は意識自身の作業ではない。意識はそれ自体の有無に関して自主性をもたない。意識の有無を左右しているのは身体である。そんな意識がどこまで信用できるかと私は絶えず訊《き》くが、意識を信じるしか仕方がないだろう、という答えが返ってくるだけである。

先にうっかり教科書と書いたが、本書を教科書として用いる場所は公式にはないと思う。私は長年大学を含めて学校にいたが、意識に関する講義を聞いたことがない。意識学会も日本にはないと思う。つまり意識研究は日本社会では公的には学問としての市民権を持っていない。その意味で本書は「学術書」にはならないであろう。本書は哲学であり、情報学であり、神経生物学であるはずだが、多分どの分野にも入れてもらえないであろう。なぜなら「意識」というおそらく物理現象でも化学現象でもない対象を扱っているからで、では生物学かと言うなら、意識は明らかに「物」ではない。

自分たちのほぼすべての活動がよって立つ基盤である意識の研究が、学問として位置づけられる場所がないというヘンな社会に私たちは住んでいる。そんなことはどうでもいいから研究を続ければよろしい。社会がどう考えようと、研究は研究である。それでも地球は回る。

若い頃に意識研究をしたいと先輩に言うと「そういうことはもっと神経科学が進んでからにしなさい」と忠告された。どこまで科学が進めばいいのかと思ったが、それを訊くと叱られそうだったので止《や》めておいた。現代の若者にはどう忠告すればいいのだろうか。意識研究なんて、そんなことしたって世間に居場所がないよ、と正直に言うしかあるまい。

（２０２０年８月８日）

ウイルス学の全体像

『京大　おどろきのウイルス学講義』
宮沢孝幸著（ＰＨＰ新書）

このところ一年以上、ウイルスという言葉を見聞きしない日はないであろう。それでは、と改まって、「ウイルスとはどういうものか」と訊《き》かれると困惑する人も多いのではないか。

本書は大学での講義をもとに、著者が現代のウイルス学の成果を語ったもので、たいへん時宜を得た出版物といっていい。私自身は学生時代に医学を学んだが、そのころの微生物学は細菌と抗生物質の関係が中心だったから、「ウイルス学」という本を読んだのは、学部卒業後だったと思う。当時のトピックはタバコモザイクウイルスが結晶化されたというもので、果たしてウイルスは生物か否かといった議論がなされていたような記憶がある。その後のウイルス学の進展で、生物界でのウイルスの位置づけが当時よりはるかに明瞭《めいりょう》になり、具体的かつ深い議論がなされるようになった。その詳細は本書にも見るとおりである。

第1章は「『次』に来る可能性がある、動物界のウイルス」と題され、コロナ・ウイルス以外にどのようなウイルスがヒトに感染を起こす可能性があるか、が紹介される。著者の背景は獣医学で、ペットや家畜も対象として扱わなければならないから、感染症を典型として、獣医学研究のほうがヒトだけを中心とする医学研究より現代では進んでいると指摘されることがある。第2章は「人はウイルスとともに暮らしている」で、われわれの日常生活はウイルス・フリーというわけにいかないことが示され、第3章は「そもそも『ウイルス』とは何?」で、ウイルスの構造や定義が紹介される。第4章は「ウイルスとワクチン」であり、現在のワクチン接種をごく素直に受け入れている人にも、多分に懐疑的な人にとっても、参考になると思われる解説がなされている。

本書の後半、第5章から第7章は、著者が強い関心を抱いているレトロウイルスに関する記述で、それだけに力が入っており、第5章「生物の遺伝子を書き換えてしまう『レトロウイルス』」では、レトロウイルスとはなにかが説明され、第6章「ヒトの胎盤はレトロウイルスによって生まれた」は、著者の研究の中心となる部分で、多くの哺乳類の特徴である胎盤形成がレトロウイルスの関与によって可能になったこと、さらにはiPS細胞に関係する細胞の初期化にも、レトロウイルスの関与があることが説明される。第7章は「生物の進化に貢献してきたレトロウイルス」と続き、レトロウイルスが過去において進化上の大きな出来事に関わったことを示唆する事実を列挙する。

ウイルスという言葉はコンピューターの世界でも普通に使われている。もちろんコンピューターウイルスは物質的基盤を持たないから、医学生物学の領域で扱われないのは当然だが、やがて情報学の進展に伴い、非物質的な（質量をもたない）情報系の中で両者が共通に理解され、定義される日が来るかもしれない。

全体として、現代ウイルス学の総説として、よく書かれており、しかも著者の研究への情熱が伝わってくる。さらに未来への展望も含まれ、若い研究者を鼓舞する内容となっている。ウイルスに関する「常識」を持ちたい一般の人にも推薦したい一冊である。

（２０２１年６月19日）

新たな知を発見する脳の働き

『夢を見るとき脳は　睡眠と夢の謎に迫る科学』
アントニオ・ザドラ、ロバート・スティックゴールド著、藤井留美訳（紀伊國屋書店）

夢とはなにか。どこからどう生まれ、どんな役に立っているのか。著者はそうした疑問に導かれて、夢の研究を始める。最初に断っておくが十分な答えはまだない。夢に関する近年の科学研究の結果が著者の仮説を含めて丁寧にまとめて報告されるだけである。

日本語の文脈では、「夢みたい」「夢のような」と表現されるように夢は現実にはほぼあり得ない、都合の良い理想的な状態を指すことが多く、「夢がない」や「夢を持て」「夢を果たす」のように「理想」に近い意味で用いられることも多い。夢を科学的に分析しても、夢のような結論が出るとはとうてい思えない。科学とはそういうものだ、という諦《あきら》めが必要であるらしい。著者らは数千にわたる夢の報告を読み、さまざまな視点でそれを整理する。私ならとうていやる気にもならない作業である。

夢に明確な定義はまだない。「夢か現《うつつ》かまぼろしか」と昔から言うくらいだから、寝ているときの脳の働きとでも言うしかない。著者は「夢とは睡眠中に出現する一連の思考、心象、情動である」と、とりあえずの定義から本書を始める。就学以前の子どもは夢と現実の区別がつかないという。学童期になると、夢は頭の中で起こることだと、たいていは理解するようになる。

夢はごく主観的なもので、そんなものが「科学」の対象になるのか。そう思う人もあろう。評者の意見だが、夢は形式と内容を分けて考えるべきで、夢は寝ているときに見るというのは、夢の形式の一例で、「一富士、二鷹《たか》、三なすび」のように何の夢を見るかは内容である。形式は客観的に扱えるが、内容は難しい。ただし客観的な扱いが不可能というわけではない。

本書の最初の部分は、夢研究の歴史である。夢に関する言及はほぼ人類文明の最初から存在する。日本では中国由来の荘子の「胡蝶《こちょう》の夢」、ないし「邯鄲《かんたん》の夢」の故事が古典ともいえよう。欧米ではフロイトの『夢判断』が大流行してしまったので、それ以前の夢に関する研究がいわばうずもれてしまった。本書の第2章はフロイト以前の研究を丁寧に拾う。第3章は「夢の秘密を発見した　とフロイトは思った」と題され、フロイトの『夢判断』批判となる。

第4章「新しい夢科学の誕生　睡眠中の精神をのぞく窓が開いた」からが神経科学としての本題に入り、レム睡眠の発見と睡眠のパターンと段階が解説され、夢との関連が紹介される。第5章は「睡眠　それは眠気を解消するだけのもの？」と題され、睡眠の意味が論じられる。それには身体を日常的に維持するハウスキーピング機能、記憶の強化、ピアノ、タイピング、楽器などの運動機能の向上、世界への理解や問題解決に資する、さらには記憶の整理というオフライン機能など、睡眠の意味が具体的に紹介される。

第6章は「犬は夢を見るのか?」で、意識に関わる議論がなされる。「睡眠中に脳が処理する情報は途方もない量だ。この作業を助けるために、脳のあちこちから拾ってきた意識のかけらの集まり、それが夢である」。そう考える著者にとっては意識は当然無視できない話題である。第7章で著者は夢の働きを考察した近年の仮説を数え上げて、それぞれを論評する。①夢の働きはレム睡眠と同じである②夢は問題解決を助けてくれる③夢には進化に関わる働きがある④夢は情動を調節する働きをする⑤夢には適応の働きや生物学的な働きはない⑥夢には記憶に関わる働きがある。

第8章ではいよいよ著者たちの独自の仮説が「NEXTUP」と名付けられたモデルとして、提唱される。「夢を睡眠に依存する記憶処理の一形式と考える私たち独自のモデルを提案する。現象としては複雑だが、手つかずだった連想を発見し、強化して、既存の情報から新しい知識を抽出するものだととらえてほしい」。私の勝手な解釈を加えれば、意識の周辺に散らばる連想の弱いかけらを、進化における突然変異のように捉えて、その変異を上手に有用な記憶に組み込み、いわば脳の中の世界に適応させるということであろう。

第9章「夢の中身はひと癖もふた癖もある」では夢の内容を扱い、「夢にはそのときどきの物語に納得できる感覚経験が埋めこまれているが、全体を通した連続性はない」との結論に達する。第10章「その夢はなぜ見たのか」はありふれた夢、典型的な夢つまり誰でもが見るような夢を扱い、反復夢や性的な夢を論じ、そうした内容と著者らの仮説が矛盾しないことを示す。

第11章「夢と内なる創造性」、第12章「夢の活用法」、第13章「夜中に大きな音がする　PTSD、悪夢、その他夢に関連する障害」、第14章「意識する心、眠りつづける脳　明晰夢の手法と科学」はいずれも特殊な夢を扱い、最終章は第15章であり「テレパシー夢と予知夢　あるいは、なぜあなたはこの章の夢をすでに見たのか」というかなり挑発的なタイトルになっている。

（2021年9月18日）

死を感覚界に引き戻す

『救命センター　カンファレンス・ノート』
浜辺祐一著（集英社）

一貫した筋を追ったという本ではない。しかし救命センターのカンファレンス・ノートという形をとっているので、実録に近く、十の事例から何を考えるかは読者にまかされている。事例がいわばバラバラなのは、患者が勝手に運ばれてくるという、センターの実情がそういうものだからである。早朝に前日の入院患者についての報告が行われ、そこでの一問一答を通じて、具体的な事情が判明し、それについての部長つまり著者の想《おも》いが記される。身につまされるというか、大変だろうな、と読みながらしみじみ思う。

新型コロナウイルスの流行で、医療従事者の負担やそれに対する感謝が話題にされるが、救命センターにしてみれば、それが日常だよ、何をいまさら、ということになろう。救急車で運び込まれる事例は、本人や家族にとっては一大事件であっても、センター側からすれば日常のことである。

現代社会はその意味では強く抽象化、システム化されており、それは本日までの死者何名という数字に示されるとおりである。「死者」として一括される人たちは、実在としては一括できるような存在ではない。本書はその「何名」をできる限り具体化しており、感覚に訴えるという意味で、本書の現代社会に対する教育的な意味は大きいと思う。

感覚の軽視ないし無視は都会人の通弊であり、白板に黒ペンで白と書いたら、素直に白と読んでしまって、いささかの反省もないという人たちである。素直に読むなら黒だろう、というのが、原始的な感覚人の言い分である。現代の小学校で、先生が黒板に黒と白墨で書いたときに、白と読む子がいたら、どう扱われるであろうか。極度に反抗的として罰せられるだろうか。

さまざまな分野で実体験とか、現場と呼ばれるものは、意識が優先する現代社会での感覚の再評価を意味しているのであろう。本書と無関係のようだが、子どもの教育に関しては、このことが重要だと信じる。成人すればどうせAI（人工知能）を中心とする抽象的なシステムの世界に巻き込まれていくのだから、子どものうちくらいは、感覚的な世界に十分に触れさせておくべきではないのか。

本書の全体は十話の事例から構成され、第一話は「それは死体⁉」、以後は「死体」の部分が発見系、自殺、運命、善行、寿命、差別、災害、急患、無駄というタイトルになっている。疑問符と感嘆符がすべてにつけられているのは、感覚的な実態から抽象的な概念への移行が常に意識されていると思われ、話はそう単純ではないよ、という著者の想いが感じられる。よく考えられた上手な構成というべきであろう。

第一話は二十六歳の女性、母親と口論した結果、建物の十二階から飛び降りて、中庭の自転車置き場の屋根を突き破って落ちたという症例である。運び込まれたときはすでに手の施しようがない状態だったので、死体⁉となっているわけだが、その裏には複雑な事情が絡んでいることは想像に難くないであろう。推理小説というジャンルがあることからもわかるように、人生の終末は人々の想像力に強く訴える。各話は一つの短編小説として読むこともできよう。面白い本だと、不謹慎ながら推薦したい。

（２０２１年12月25日）

表面しかない心

『心はこうして創られる「即興する脳」の心理学』
ニック・チェイター著、高橋達二、長谷川珈訳（講談社選書メチエ）

本書を読んで、ルネサンス期の人たちが物理学の世界像を知ったときに感じたかもしれない思いを、あらためて想像することになった。教会という組織があり、その信条が世間を統制している。そこに物質科学が入ってきて、平らだと思っていた地面は球形になり、安定していたはずの大地は動き回ることになった。とはいうものの日常生活にさしたる違いはない。

「心には表面しかない」という著者の考え方は、まことに時宜を得ている。情報化した社会のほうがこういう考え方を呼び寄せたのかもしれない。世界中どこでも、空港に行けば、私の顔を識別するのは人ではない。カメラのほうを向けばいいのである。入国するのは、とりあえず私です。写真と対照してカメラはそうだと言い、入国を許可する。私の「中身」なんか、一切気にしていない。存在するのは、まさに表面のみである。

本書の実質的な主題は、意識である。ただし大上段にふりかぶって、意識が主題なのだと定めると、脳科学から哲学や人文科学まで、あらゆる学問領域を走り回らなければならない。そんなことをすると、なにがなんだか、自分でもわからなくなるのがオチであろう。

著者はそんなことはしない。いわば意識の素過程に考察を絞り込む。著者は一刀両断、心の奥底なんかない、という。その時々の表面だけだ、と。著者の考え方の背景にあるのは、明らかに計算機で、機械が意識を持つ、あるいは機械に意識を持たせるとしたら、「自分はいまなぜこの計算をしているのか」といったような高級な自意識が初めに出てくるはずがない。意識のはじまりはもっと初歩的なところにあるはずである。

だから本書で数多く例示されるのは視覚系である。視覚系はヒトできわめてよく発達した感覚系であり、非常に詳しく調べられている。紙の上に白黒のランダムな模様が散らばっている図をどこかで見た人は多いと思う。ある瞬間に気がついてみると、あるいは教えられてみると、それがダルメシアン犬の写真なのである。いったんそう見えると、以後もっぱらそう見えるようになる。紙の上の一見ランダムな白黒模様がイヌという意味と結びつくと、乱雑な模様がイヌとその背景という収まるところに収まってしまう。

著者は、これこそが意識の素過程だ、と明言するわけではない。でも知覚入力を意味と結びつけるところがかなめだと主張している。そう読める。この機能は、英語では以前から気づき（アウェアネス）と表現されてきた。現在では、意識（コンシャスネス）という表現が普通であろう。

続いて錯視図形や両義図形を例に挙げて、そうした解釈の曖昧さ、すかすかさ、あるいは矛盾を指摘してみせる。大きな結論としては「心には表面しかない」（ザ・

マインド・イズ・フラット）という原題を導く。深遠な心の奥底とか、無意識の過程なんてものはない、それは心が得意とする「だまし」だというのである。ちょうど物質の世界で、自然科学が教会の教義に対して演じたのと似たようなことを、心の科学で著者は主張する。「認知科学や脳科学のここ数十年は、本書の結論へ引き寄せられると同時に必死に抗《あらが》うことに費やされた」。著者に限らず、私自身もこういう考え方でいいのかと、何度か自問した。確かにそれでとくに問題は感じない。難問を解く際に、心の中で無意識の過程が働いていて、とりあえず解けなかったとしても、やがてそれが正解を生む。そんなことはない、と著者は言う。無意識の機構が存在するという証拠はないからである。

言われてみればその通りで、われわれは何か不思議な機構、神秘的な存在が欲しいのである。それを世界に持ち込めば宗教になるだろうし、脳科学ではたとえば無意識になる。一種のゴミタメだが、意地の悪いことに科学者はその種のゴミタメの存在を許さない。

かつて紹介した（51P）リサ・フェルドマン・バレット著『情動はこうしてつくられる』も、基本的には本書と同様の趣旨になっている。喜怒哀楽も固定した機能ではなく、状況に応じてその都度「創られる」のである。この種の基本的な考え方の修正には、社会的には時間がかかるであろうが、やがて新しい常識になるに違いない。

好むと好まざるとにかかわらず、本書のような思考は、情報化社会における人々の行動様式を説明するのにも、適合性が高いと思われる。評者自身も年齢とともに、著者のような見方に傾くようになった。いまさら大伽藍《だいがらん》のような立派な学問体系に挑戦することはできないし、万事が「とりあえず」や「その都度」ということになりがちだから、当然であろう。平和で安定した社会を築いていくと、人々の考えはより表層的で、自由でバラバラになっていくのかもしれない。それが悪いこととは、かならずしも思えない。

（2022年11月5日）

心／意識の成立過程に迫る

『生成と消滅の精神史　終わらない心を生きる』
下西風澄著（文藝春秋）

心や精神は、いつ生まれて、どう考えられてきたのか。こういう存在は、モノとしての実体がないのに、だれでも知っている。これはかなりヘンなことではないか。心／意識は自分の中に閉じられていて、そこにしか「ない」。ほんとうにそうなのだろうか。

本書のタイトルだけを見て内容が推測できる人はほとんどいないであろう。著者の表現によれば本書の内容は「意識の哲学史」である。それ自身を含めて、全宇宙をその中にとりこみ、なおかつ自己の中にしかないと思われる心／意識、そういうヘンなものがどうして成立してきたのか。本書は二部構成で、第Ⅰ部は西洋、第Ⅱ

部は日本の心を扱う。

第1章は「心の発明」で、舞台はギリシャ、それもホメロスである。そこからソクラテス／プラトンに至る間に、大きな変化が生じた。ホメロスの時代、ヒトの行動は神々が直接に支配し、風のように動き回り、出入りするものであったプシュケー（心）を、現代のわれわれの考えに近い心／意識にしたのがソクラテス／プラトンで、そこに西洋哲学の基礎が置かれる。

続いて第2章は「意識の再発明と近代」。孤独な明滅する心としてのデカルト、それに耐えられないパスカル、空虚な形式として心を規定するカントと続き、第3章は「綻《ほころ》びゆく心」で、意識を流れとして捉えるフッサールに至って、意識の単独性は解体し、綻び始める。ハイデガーにおいて意識は生命とネットワークに回帰する。

そこから第4章「認知科学の心」へと論議が進む。過去ではなく現在の哲学を知りたければ、この部分から読んでもいい。

最初に「認知科学の誕生」として言語・神経・主観性の三つの流れが指摘される。フレーゲ、ヴィトゲンシュタインによる言語論理からコンピューターの誕生、神経科学とコンピューターの類比、こうした機械論的なアプローチによって、むしろあぶりだされてしまう「機械のなかの幽霊」としての主観性、という三つの流れの解説の後、「生命的な心」としてフランシスコ・ヴァレラの哲学が紹介される。続いて「意識を身体という構造が可能にする現象であることを追究した」メルロ＝ポンティに至って、第Ⅰ部が終わる。

第Ⅱ部は日本編で、その冒頭にはこうある。「私たちは、西洋の心の哲学史をめぐる長い旅をしてきた。この長い旅の果てに、現在の私たちの心があると本書は考えている。しかし一方で、私たちはこのような心を、実は最初からすでに持っていたのではないかとも思える。長大な時間をかけて、心はその原初の姿にまで還ってしまったのではないか。そのような疑念が湧いてくる」。

日本編の最初に第5章として扱われるのは「日本の心の発生と展開」として「神

話の起源と心の原初」、続いて「『万葉集』から『古今和歌集』へ」の心の断絶的な移行である。第6章は「夏目漱石の苦悩とユートピア」と題して漱石の世界が扱われる。いわゆる近代的自我に対する漱石の苦闘は周知のとおりであろう。終章は「拡散と集中」と題され、精神の歴史とはその往復であったとする。

久しぶりに大きな論考を読んだ気がする。将来が明るく見えた。

（2023年1月14日）

身体を介した言語

『眠りつづける少女たち　脳神経外科医は〈謎の病〉を調査する旅に出た』
スザンヌ・オサリバン著、高橋洋訳（紀伊國屋書店）

著者はアイルランド出身の英国の神経科医で、主題は集団的に起こる心因性反応である。著者も注意するように、この場合の用語の使い方は難しい。うっかりすると読者に偏見を与えてしまう。古い人なら集団ヒステリーというかもしれない。はっきりした医学的所見、つまり生物学的な徴候が捉えられず、検査の結果「なんでもありません」と言われてしまうような状態である。老人の私が日本で思い出す例と言えば、光化学スモッグで、女子高校生が多く発症した事件くらいか。医学生のとき、東大医学部の精神科の授業でアイヌの集落に生じた事例を習った記憶がある。本書では日本の例は挙げられていない。ほぼ各章が世界各地での類似した「事件」

を扱っている。著者はそれぞれの地元に赴き患者や家族に直接インタビューする。その行動力は驚くべきもので、まずそこに敬服する。各地の症例をなにより自分の目で直接に見ようとする。効率を重視する現代では、利口な研究者はこうしたやり方は採用しないと思う。病の背景にはそのときの社会状況があるという著者の思考からすれば、現地に旅行しその雰囲気を知ることが肝要なのである。

第一章はスウェーデンに難民申請者として入国した家族の二人の娘で、数年にわたり眠ったままの状態が続いている。この家族はヤズィーディーというイラク、シリア、トルコに住む少数先住民族で、伝統的な宗教的信条のため、故国で長らく迫害を受けてきた。いまは難民申請が受け入れられるかどうかという半端な状態に置かれており、娘たちは学校に通い、スウェーデン語を話す。

「私は神経科医としてふたりを訪問したが、彼女たちについて考えれば考えるほど、また、さまざまなことを学べば学ぶほど、それだけふたりの問題を神経学的問題として、あるいは医学的問題としてさえ見なくなった。ふたりの寝室に立っていたときに自分の無力さを感じたのも、まさにそれゆえだった。あきらめ症候群という言語の話しかたを、私はまだ習得できていない。この言語は、発病した少女たちに自分の話を語ることを可能にしている。それなくしては、彼女たちは声なき存在になってしまうだろう」

著者は眠り続けるという二人の症状を、身体を介する言語に類した表現として捉えており、それが自分には十分に解読できないと嘆いているのである。

第二章はグリシクニスと題され、米国に住むミスキートと呼ばれる人たちの病。元来はニカラグアのモスキート・コーストに住む先住民で、グリシクニスはこの人たちに固有の疾患、震え、呼吸困難、トランス状態、けいれん等の症状を呈する。著者はテキサスに移住したミスキートの病を丹念に調査報告する。

第三、四章はカザフスタンのクラスノゴルスキーとカラチで、旧ソ連時代に鉱山町として国家の保護を受け栄えたが、今ではひどくさびれつつある町での「奇病」について語る。

第五章はキューバの米国大使館での音響兵器事件、集団心因性疾患がストレスを受けている閉鎖集団で生じやすいので、いわゆる「少数の」人たちの集団のものと思われやすいことから、そうではなく、米国国務省のエリートたちにも同様の疾患が生じることを示す。

（2023年5月27日）

デジタル世界の「現実」

『リアリティ＋　バーチャル世界をめぐる哲学の挑戦　上・下』
デイヴィッド・J・チャーマーズ著、高橋則明訳（NHK出版）

リアリティという言葉は、以前からよく理解できず、どこか気に入らなかった。それがあってこの本を読んだのだが、当然ながら相変わらずわからない部分はわからないままである。

リアルという形容詞はカタカナ語としてよく使われる。現実の、とかホンモノという意味だが、それが抽象名詞になったリアリティとはなんだろう（単語が長いので、以下Rと略す）。現実は抽象ではなく、その反対ではないか。日本語で言う現実が、英語でRと抽象名詞で表現されることに、私は違和感を抱いて来たらしい。

本書はRを扱った現代の哲学書なので、伝統的で素朴な「現実」ではなく、シミュレーション（これも長いのでシムと表記する。著者もそうしている）やゲーム、VRやメタバースなども扱う。著者の本音はこうしたものすべての中身が現実だというのである。著者は本書全体を通じて、そのことを論理的に詰めようとする。

現実とはなにかは、古くから議論されてきたが、私が育ってくる頃に一番普通だった古典的な見解は、唯一客観的な現実が存在するという、素朴実在論と呼ばれるもので、とくに科学者はこうした考え方を暗黙に採っていたと思う。それが具体的に危うくなってきたのは、コンピューターの時代になってきたからであろう。そこでは仮想現実や拡張現実、VRやARという言葉が普通に使われる。

私自身も現実とはなにかを考えた時期があり、そのときは、その人を動かすものが、そのときのその人にとっての現実だ、という結論になった。それを含めてわが国での最近の議論は藤井直敬『現実とは?』（ハヤカワ新書）という対談集に詳しい。脳は日常的に絶えず触れているものを現実と見なす傾向を持っている。私はそう思う。だから数学者は数の世界を現実だと思っているし、お金のことに集中している人はお金を現実だと信じているのである。

そこから考えれば、『リアリティ＋』の著者がコンピューターで創りだされる世界を現実だと信じるのは無理もない。いまでは小学校からデジタルの世界に入る子どもたちが、育ってからデジタルの世界を「現実」と信じるようになるのは当然の傾向であろう。

したがって本書はいわば未来の現実を予言しているともいえよう。著者は現在の段階でヴァーチャル、あるいはシムと見なされている世界を現実だと証明しようと努力しているのだが、デジタル世界がもっと普及すれば、著者の言うような「現実」に対する考え方はひとりでに一般化するに違いない。

本書の後半（下巻）の部分で、著者は意識の問題に触れている。この問題では著者の初期の著作の時代から目だった進展はない。

読了して思う。全体像をここまでまとめて論じるのは、恐るべき体力だなあ。もう一つ、文化的な差というのは動かしがたい、ということである。著者は万物流転という言葉を引用してはいるが、本当には深く感じてはいないのであろうと思われる。

なぜなら哲学は言葉を使うので、言葉はその中に時間や動きを含まない。映画ならコマ送りになる。現実を言語という「静的」な手段で叙述しようとすると、現実が停止してしまう。私はそういう印象を受けた。

（２０２３年７月８日）

2 自然と環境

問題はヒトである

明瞭な主張と「いわなかったこと」

『不都合な真実』
アル・ゴア著、枝廣淳子訳（ランダムハウス講談社）

著者のアル・ゴアは、クリントン政権の副大統領だった。クリントン後の大統領選で、ブッシュと争い、なかなか結果が出なくて、最後に最高裁の判定でブッシュが大統領に選ばれた。ブッシュ政権は京都議定書に参加せず、いわば言いだしっぺの米国が抜けた会議になった。クリントン政権下で、地球温暖化防止のために骨折りを重ねたゴアにしてみれば、たいへん残念だったであろう。ブッシュ後を見込んでか、ゴアは本書を公にし、同時に映画を作った。主題はもちろん地球温暖化である。ゴアがあちこちでスライドを使って講演したものを、そのまま書物の形にしたという。だから読む本というより、大人の絵本のようになっている。文章より、写真やグラフのほうが多い。

温暖化についてはさまざまな意見があったが、ゴアは温暖化が進んでいること、それは人為的であること、その二つをきわめて明瞭に主張する。ゴアがこの問題に関心を持ったのは、ハーヴァード在学中に、ロジャー・レヴェル教授の講義を聞き、衝撃を受けたからだと、私は本書ではじめて知った。レヴェルはすでに一九五〇年代、人類の活動によって炭酸ガスが爆発的に増加すること、それによる温暖化が起こる可能性を考え、一九五八年からマウナロア山で炭酸ガス濃度の測定を経年的に行うことをはじめた。その結果が本書に提示されている。まことにみごとな右肩上がりのグラフである。温暖化自体に関して懐疑的な人は、この本を読んでみればいいと思う。温暖化が人為的であるか否かについては、ゴアは議論の余地はないとする。しかし穏当な判断としては、「ほかに考えられる理由が見つかっていないから」とすべきであろう。

本書が提示する温暖化についてのさまざまな写真やデータは、関心のなかった人にとっては衝撃的かもしれない。チャド湖の消滅、世界中の氷河の後退、極地の氷の減少、天候異変、砂漠化の進行、熱帯雨林の減少などを、比較写真つきで示してくれるので、学校などで教材として利用するのにもたいへん向いている。

本書の最後の部分は、世界における米国の位置を示している。米国の炭酸ガス排出量は世界の四分の一を占める。ＥＵがそれに次ぎ、中国、ロシアの順となる。日本は四パーセントに満たない。その日本はこうした問題では、世界の模範生に近いことがわかるであろう。それと同時に、日本自体が排出を制限しても、世界的規模でいうなら、量的にはたかが知れているという結論になる。ゴアの取り上げている問題は、なんとも米国的な問題なのである。むろんゴアは米国の政治家だからである。

米国であれ日本であれ、私は政治家のいうことを信用しない癖がある。ゴアが副大統領だったとき、南アでエイズの薬の特許使用料を定額しか払わないという議会決議が出た。南アはエイズ患者が二割に達するといわれ、しかも貧乏な国だからである。このときゴアはそれに反対して薬品会社の肩を持ち英国の科学雑誌『ネイチャー』に、ゴアのいつもの人道主義的姿勢はみせかけか、と非難されていた。そういう記憶がある。

本書は政治家の本にしては、きわめてはっきりものをいっている。その裏はもちろんブッシュ政権の極端さであろう。温暖化問題では、エネルギー業界に都合の悪い言論を徹底して封殺した。クーニーというロビイストがそこに重要な役割を演じたこと、クーニーがやめさせられた後は、エクソン・モービルに職を得たことも記述されている。それならゴアのいうことも私は信用しないのか。

記述そのものを信用しないのではない。一歩留保を置くというべきであろうか。多くの人の利害に関わる問題では、政治家がなにをいうか、その内容自体が重要なのではない。なにを「いわないか」が重要なのである。自分が原稿を書くことを考えてもわかる。問題が起こりそうなことはいわない。いっても、新聞なら削られる可能性が高い。ゴアは本書でなにをいわなかったか。私はそれを考える。

なぜ米国の炭酸ガス排出量が世界で頭抜けて高いのか。高度にエネルギーを消費するからである。いわゆるアメ車を考えてもわかるであろう。ガソリンを食う。これは車に限らない。アメリカ文明とは、じつは石油高度消費文明である。ゴアはそれに一言も触れていない。二十世紀のはじめ、テキサスから大量の石油が噴出する。それがいわゆるアメリカ文明を作った。西部劇が延長して、ニューヨークやロスになるわけがない。さらに米国のいう自由経済とは、原油価格安定という束縛の上の「自由」である。それなら無限に石油需要が増えて当然である。需要が多くなるのに、価格を安定させるとしたら、供給を無限にするしかないからである。イラク戦争がなぜ起こったか、その文脈で考えれば、よくわかるであろう。テロより石油、である。アメリカ文明の必然の帰結が温暖化問題だということに、ゴアは気づいているのであろうか。

（2007年4月15日）

自然物を収穫するとき

『銀むつクライシス　「カネを生む魚」の乱獲と壊れゆく海』
G・ブルース・ネクト著、杉浦茂樹訳（早川書房）

二〇〇三年八月、オーストラリアの巡視船が、三週間にわたってウルグアイ船籍の密漁船と思われる漁船を追いかける。インド洋の南西の海域にハード島という無人島があり、島はオーストラリア領である。その周囲二百海里は、現在の取り決めではオーストラリアの排他的経済水域になる。その領海内で漁船は延縄《はえなわ》漁をしていたに違いないと思われた。

船長はひたすら逃げようとするが、南アフリカ、英国などの協力もあり、最後に停船させられ、臨検が行われ、密漁船はフリーマントルに向かう。しかしオーストラリアでの裁判の結果は無罪。その過程を追ったドキュメンタリーが本書である。

この追跡劇は、英国のＢＢＣの外国向け放送では毎日報道されたらしい。対象となった魚は日本名では銀むつ、白身の魚で、はじめは見向きもされなかったが、アメリカのレストランで人気が出て、しだいに値が張るようになった。数百メートルの海底に棲《す》む深海魚で、南半球の寒い海に多い。北半球の魚が資源切れになった状態で、銀むつは一時、「白身の黄金」と呼ばれるようになった。当時の価格で、トン当たり二百万円を超える。当たれば一回の漁で数トンから数十トンの漁獲がある。

まとめてしまえば、なんでもない事件だが、じつにさまざまなことを考えさせられる。われわれが何気なく食べている魚は、いったいどこから来るのか。だれが、どう漁を行っているのか。それはどこまで持続可能か。

養殖でない魚は自然の存在だが、自然物を収穫するときの国際的な取り決めは、どうすればいいのか。漁船の船長や船主は、二百海里の排他的経済水域という取り決めに対して、明らかに批判を持っている。それは漁業の盛んな日本でも同じだった。私は昆虫採集をするが、これに関する国際的な規則も、なんとも杜撰《ずさん》というしかない。自然の存在と、人が頭で考えた法とは、なかなか折り合いがむずかしい。でもそれを理解する人は少ない。ほとんどの人は、現場を知らないからである。

そうした法に基づいて、取り締まりをする側から見ても、同じように話はむずかしい。密漁船だと確信していても、法制度は取り締まり側に厳しい規則を設けている。だから本書の事件では、裁判の結果は無罪だったのである。漁船を追跡することと自体にも、さまざまな枠がはめられている。たとえば、後で再発見したとしても、途中で相手を見失ってはいけない。巡視船は武装していないから、最終的には南アのガードマンを雇うことになる。

その上に資源保護の問題が絡む。本書にはじつにさまざまな人たちが登場するが、その中には資源保護に励む漁業学者もいる。「自然海洋保護区を創設して、漁業用の海域と分けるんだ」とこの学者はいう。「でも、現実はそうなっていない。私たちはどこで魚を獲ってもかまわないと考えていて、状況に応じて漁獲量を調整すればいいと思っている。そんな方法じゃだめだ。結局はすべてを失うことになる」。

そのことに、どれだけの消費者が気づいているだろうか。数年前だが、一時、魚の問題が新聞紙上に取り上げられた時期があった。健康食ということで世界の人々が魚を食べだし、魚が値上がりして、日本は従来のように世界市場で魚を楽に買うことができなくなった、ということだった。

その裏にあるのは結局は資源問題である。昨年は穀物の不足でさまざまな問題が生じた。魚もじつは例外ではない。漁業のやり方の発達に伴い、資源が枯渇する速度もはなはだ急になった。北海のタラが取れなくなるまでには世紀という時間がかかった。銀むつが取れなくなるには数年という時間しかいらなかった。

人類の知恵で、枯渇していく資源問題を、はたして解決できるだろうか。現在は温暖化ガスによる地球温暖化が話題になっている。しかし食料とくに農林水産問題は、もっと身近な問題である。なかでも海中は日常的には観察できない。少なくとも緑は目に見えるのである。

おそらく日本沿岸の大陸棚は荒廃しているに違いない。しかしそれをテレビの画像として見ることすら、ほとんどない。十年ごとに同じ場所を撮影しておけば、はっきりわかるはずなのに。

たった一つの密漁らしいという事件を取り上げても、一冊の本ができる。面白いよりなにより、一つの事件が持っている裏のつながりの深さ、広さに思いを馳《は》せる。銀むつの密漁で稼いだ人は、アメリカのお金持ちにもいる。しかも関係者のそれぞれには、それぞれの個人の人生がある。著者はそれをも視野に入れて書く。

世界がグローバル化するということは、そこまでものごとが複雑になっていくことである。こういう世界で生きていくことが、簡単なはずはない。自分が作り出した世界を、人はどこまで理解しているのだろうか。

（２００8年5月25日）

原油高と「成長の終わり」

『地球最後のオイルショック』
デイヴィッド・ストローン著、高遠裕子訳（新潮選書）

「石油がなくなる」という議論なら、第一次オイルショック以来ずっとある。人によってはまたか、と思うかもしれない。

石油の枯渇は当然のことだが、そうした主張には、これまでなぜか説得力がなかった。理由ははっきりしている。考えたくないことを、人はきちんとは考えないからである。しかも「なくなる」という表現はよくない。一滴でも残っていれば「なくなった」とはいえないからである。本書の表題は、その意味ではよく考えてあると思う。

われわれの日常に影響する石油問題とは、じつは石油のピークアウトである。それはなにか。たえず増大していく石油需要に、供給が追いつかなくなる日のことである。その時期はいつか。著者は十年以内だという。多くの専門家がそういう予想を出している。メディアはほとんどそれに触れない。現在の原油高を、私はピークアウトの始まりと考えている。現代は情報化時代で、すでに情報の上では、ピークアウトは始まっている。だから本書が出たのである。

著者も本職はジャーナリストである。多くの人にインタビューをし、石油枯渇という厄介な問題と、その帰結するところを、きわめて説得的に書いている。著者の最初の本らしいが、優秀なジャーナリストだということがよくわかる。

本書を読んで知って驚いたことの一つは、一九七〇年代の第一次オイルショックまで、経済学者はエネルギー需要と経済成長の関係を知らなかったという事実である。それを発見したのは、なんと物理学者。経済成長とエネルギー消費は、ほとんど並行する。ただし近年では、ごくわずかに経済成長のほうが高い。それはおそらく情報産業の効果だろうと著者はいう。

二十世紀の経済は、原油が必要なら供給を増やす、ということで対応してきた。それが経済成長の原理だった。じゃあ原油がこれ以上供給できなくなったらどうなる。経済成長を諦めるしかない。それは現代社会の本質的問題である。それがアメリカ型「自由」経済の本質である。原油を「無制限に」供給すれば、原油価格は一定になる。その上でなにをなさろうが「経済活動は自由ですよ」。このほとんど詐欺とでもいうべき世界こそが二十世紀だった。

その結果を二十一世紀が刈り取る。最初に起こるのは、だから石油のピークアウトである。その時点で原油価格は上昇せざるを得ない。エネルギーまで含めた、本当の「自由経済」がはじまる。

温暖化ガスだ、洞爺湖サミットだと騒いでいるが、意地悪くいえば、それはピークアウトを隠そうとする煙幕に過ぎない。エネルギー消費を抑制することは、たしかに重要だから、それが無意味だとはいえない。しかし問題はもっと深いところにある。世界の常識を変えなければならないのである。エネルギーなしに「右肩上がり」はない。経済が成長したということは、景気がいいということで、それはつまり、よりエネルギーを消費したということなのである。ただし今日使えば、明日の分がなくなる。二十世紀とは、それを無視した「その日暮らし」の日々だった。

ＢＢＣ放送のニュースを見ていたら、イギリスは今後当分スタグフレーションが続くという政府の見通しを報じていた。信頼できる政府とは、いやなことでも正直にいうものである。本書はほとんど現代人必読の書というべきであろう。

（２００８年６月29日）

「人工環境」を捉え直す

『環境デザイン講義』
内藤廣著（王国社）

建築家には面白い人が多い。そんな気がする。話が具体的で、しかも抽象的である。そりゃ矛盾だろうというのは理が勝った人の言い分で、理屈なんか、あまり面白くない。いくら理屈が通っても、建物が倒れてはおしまい。でも理に適《かな》ったものを作らなければ、あれこれ問題が起こって、当然施主《せしゅ》にも見放されてしまう。つまり建築という仕事はあるバランスの上に成り立っていて、理論だけではないし、実践だけでもない。建築家はその辺のスリルを日常的に体験しているから、話が面白いのだろうと思う。もっとも面白くない建築家もたくさんいるだろうとは思うけど。

この本は建築家である著者が東京大学の学生に対して行った講義録で、私のような建築の素人でも十分に読める。ただし同様の本の二作目で、第一作は二〇〇八年に出版された『構造デザイン講義』である。建物の構造はだれでもわかると思うが、「環境」は評者の関心事でもある。だからここで取り上げてみたいと思った。

今回の主題は建物を取り巻く周辺の事情、著者の表現では「空気」である。具体的には光、熱、水、風、音である。どれも建物とその環境に深くかかわっていることは、すぐにおわかりいただけると思う。建築の世界で、こうした主題はいままで十分に扱われてきたはずである。でもそのそれぞれを全体として、専門分野に拘《かかわ》らず、「一気通貫」で捉えよう、というのが著者の主張である。しかもそれらを「できるだけ人間の側から捉えなおしてみたい」という。こうして要約してしまうと、当たり前じゃないか、という意見が出そうである。だから著者のあとがきから引用しておこう。じつは「実践において、わたしより詳しい人は山のようにいるはずだが、良く言えば網羅的に、悪く言えばこのくらい気楽にこの分野について語る人は少ない」のである。

読みながらなにを思ったか。原発である。あれだって「建築物」で、飾りもなにもない、ひたすら機能的な建物。あれを建築家はどう思うのだろうか。同時に原発について、これだけ「網羅的に、気楽に」語ってくれる専門家がいただろうか。

著者は表題にあるデザインという言葉を「モノの論理をヒトの論理に置き換える行為」と定義している。これも字面《じづら》だけ見たら、なんのことかと思う人もあろう。しかし自分で考える人の表現は、一見難解に見えても、実践的に考えているうちに、かならず理解できるはずである。それは言葉が身体化されているからである。最終章の「音」では、著者は身体に多く言及する。最後に「我々の外にある情報が身体にもたらしてくれるものに対して少しでも考えてもらえれば」と学生に呼びかけて終わる。

著者は「環境」という言葉はじつは嫌いだという。それがなぜか、著者の思考を追っていると、よくわかるように思う。近代は人の住む環境を、よくいえば「自立した」、他方では閉鎖的なものとして捉えようとしてきた。しかしそれは元来おかしい。妙な例えに思えるかもしれないが、宇宙船アポロで船長が月面に降り立ったとき、宇宙服を着ている。その宇宙服と、船長の身体の間に、なにがあるか。一気圧の大気。それがなければ船長はすぐに死んでしまう。それがなければ即座に死んでしまうもの、それって心臓と同じで、自分自身の一部ではないのか。それなら大気は「環境」ではなく、自分の一部と見なすべきではないか。西欧近代は「個」を立てることを思想の中心としてきたから、自己と外界を切り離す結果になった。だからこそ自分の外に「環境」という変なものが発生してしまう。著者は両者を切っていない。「要するに環境と言った時に、身体から地球環境まで、本質的には境目がない」と述べるのである。

この講義は基本的には「もう一度身体の側から人工環境をとらえ直してみる」ということで、第三章の「熱」では、飛行機で著者が体感した実例を挙げている。そのとき毛布を二、三枚もらっても、寒くて眠れなかったという。気温は二十九度、寒いはずがない。ところが湿度は十三パーセント。それが問題だったのである。「これまでの設計なんて呑気《のんき》なものです。いくつか数字を設定して、それ以上は考えない」。著者は温湿度計をいつも持ち歩いているという。原発と放射能についての報道を思い起こす人もあろう。数字を設定すればいい。環境とはそういうものでもないのである。「最後は自分で考えろ」と著者は学生を突き放す。

一連の講義なので、全体を通読することをぜひお勧めしたい。たいへん読みやすく、冗談が多い。そのため（笑）がたくさん入れてあって、これがいささかウルサイ（笑）。日本人は真面目すぎるのはわかっているが、冗談をいちいち「冗談です」と注釈しなければならないとしたら、注釈がないと冗談だとわからない人がますます増えるではないか。

（２０１１年８月７日）

「省水」のすすめ

『水が世界を支配する』
スティーブン・ソロモン著、矢野真千子訳（集英社）

今年は水難の年になってしまった。三陸の大津波からはじまって、台風による水害があり、タイの洪水でも日本の企業が大きな損害を受けた。私たちの生活は、根本のところで水という物質に否応《いやおう》なしに支配されている。

それを世界史的に見たらどうか。本書の主題はそれである。むろん歴史はいろいろな面から見ることができる。でも人類史は大きく水に支配されている。水に着目すれば、そうも見えてくる。ヒトはラクダとは違い、むしろドブネズミと似ていて、近くに水がないと暮らせない動物だから、その意味では当然であろう。すべての文明は大河のほとりに発生したのである。

当然のことながら、現代社会もまた水に大きく依存している。「産業革命以降に社会が飛躍的に成長したのは、豊富な水を安価に使えるようになったから」であり、「水の使用量の増加速度は世界人口の増加速度の二倍を超え」「二〇世紀の一〇〇年間で九倍に増加した」。「これは同世紀のエネルギー増加量一三倍に匹敵する」。それだけではない。「水インフラの維持や治水を怠り、潜在的な水の利用法に目を向けないでいる社会は、例外なく停滞し、衰退した」。三・一一以降の社会がよく論じられるが、社会的な存在としての水に、われわれは日常どれだけ関心を持っているであろうか。経済も大切かもしれないが、水は直接に生死に関わる問題なのである。

本書は大きく四部に分かれている。第一部は古代文明と水の関係を扱う。ナイルとエジプト、ローマの水道、中国の運河と治水などは、よく知られた事実であろう。さらに「砂漠に咲いた不安定な文明」としてのイスラム文明が語られる。イスラム文明の衰退の原因を、著者は水力利用や海上輸送への関心が不十分だったことに求めている。「昔からの水工学に安住するだけの社会は、水問題に立ち向かって画期的な解決策を見つけた国家や文明にかならず追い越される」。

第二部は「ヨーロッパが一歩先んじた水革命」である。ヨーロッパは世界に先んじて近代化するが、その背景にまずあるものが航海である。地中海沿岸の航路の古代から始まり、北海と地中海沿岸を結ぶ航路の開設、同時に運河の利用、さらには世界の海を巡る大航海時代が近代ヨーロッパ発展を支えた。その次にくるのが産業革命だが、それを用意したのは蒸気機関であり、そのはじまりは炭鉱の排水ポンプに蒸気機関を利用したことだったのである。

第三部は「豊かな水を享受する消費社会の誕生」である。ここではヨーロッパの都市の公衆衛生から始まり、「水のフロンティア」としてのアメリカ史が扱われる。灌漑《かんがい》であれ運河であれ、先進ヨーロッパが開発した水利用法を大規模に応用できたアメリカの歴史上の有利さがよく理解できる。さらには巨大ダムが構築され、豊富な水と電力を供給する。石油だけではなく、新設ダムが生み出した豊富な電力が、第二次大戦のアメリカの軍事力の背景にあった。

第四部は現代と未来、つまり「水不足の時代」である。「水は新しい石油」であり、思えばペットボトルの水は石油より高い。しかしその水の配分は世界的に不均衡で、たとえばアフリカが「近代化」しない大きな原因の一つは水にある。アラブとイスラエルの対立の根元には水があり、世界で紛争が起こる地域の多くには、背後に水の問題があると思っていい。アジアの巨人、インドと中国は、いわばどうしようもない水問題を抱えている。インドの水不足は、そのまま食料の不足と関連しており、新しい緑の革命が必要だとされている。中国は巨大な人口を抱えていることもあって、使用可能な水は一人当たり世界平均の三分の一しかない。アジアの二人の巨人の未来は、まったくといっていいほど、水にかかっているのである。

本書では日本のことはほとんど扱われていない。最後の解説で、国土交通省の元河川局長だった竹村公太郎が、いわばかわりにそれを総説している。日本の歴史の背景にも水問題が潜んでいることは、とくに竹村の著書『日本文明の謎を解く』（清流出版）でも明らかであろう。竹村がそこで指摘しているように、歌舞伎の「忠臣蔵」の背景にも水問題がある。関心のある人は、こちらも読まれたらよいと思う。幸い日本には国境を越えて流れてくる水はない。その意味での水争いはないが、隣国の水不足は明らかだから、山林の所有権を買うといった間接的な水問題はすでに浮上している。

著者は水問題の解決策として、「画期的な新テクノロジーと同じくらいに、いやそれ以上に重要なのは、小規模でローテクで地味なノウハウのゆっくりとした積み重ねではないだろうか」と示唆している。省エネとまったく同じように、省水が未来を制する。世界全体は間違いなくその方向に向かっているし、そうならざるを得ないのである。

（２０１１年11月13日）

アリに学ぶ

『アリの巣の生きもの図鑑』

丸山宗利ほか著（東海大学出版会）

とても面白い図鑑である。アリの巣に住んだり、アリの巣となにか関係を持って生きている生きものばかり集めてある。

ずいぶん変わった、特別な主題を扱っているなあ。そういう印象があるかもしれない。でもアリを知らない人はないと思う。しかもアリと仲良くしている生きものは、古くからよく知られている。アリマキはその典型である。アリの巣をのぞいたら、ほかにどんな生きものがいるのだろうか。

この図鑑は、日本国内でアリの巣と関わって生きている生きものの図鑑である。アリに関わる生きものが古くから知られているわりには、よく調べられていなかったことが、この図鑑でもわかる。だから載せられた写真の中には未記載種、つまり学名がつけられていない、いわゆる新種がいくつも含まれている。著者の一人、丸山は九州大学の博物館で、そういう生きものを調べている専門家である。

ヒトは社会生活をする典型的な動物だが、アリもそうである。そういう社会には多くの生きものがなんとなくか、絶対的にか、さまざまな関係を作って生きている。ヒト社会なら、家畜やペットが典型である。生きものどうしの関係は、思えばなんとも興味深い。

アリは小さいという印象があると思うが、虫としては平均の大きさである。その巣に住み着く虫は、アリくらいかアリより小さいことが多いから、観察がむずかしい。でも近年の映像関係の技術の進歩はすごいので、おかげでこんな図鑑ができる。皆さんの自宅の近くでも、アリの巣を見かけるはずである。そこにアリと関わっている生きものがいないだろうか。

この図鑑を手にとって、まず虫の名前だけでも見てほしい。アリヤドリ、アリノタカラ、コブナシコブエンマムシ。笑ってもいいけれど、これっていったいなんだろう。そう思いませんか。アリの巣には甲虫類ではハネカクシ、エンマムシ、アリヅカムシなどがいる。蝶《ちょう》ではキマダラルリツバメやムモンアカシジミ。アブやハエの仲間。アブの幼虫にはアリの巣の中に住んで、アリの幼虫や蛹《さなぎ》を食べるのがいる。小さなナメクジみたいで、専門家にナメクジだと思われた時代もあったという。昆虫にかぎらない。クモやダニもいるし、ヤスデもいる。付録として、シロアリの巣に住む生きものも載せられている。

こういう生きものは、アリとどう関わっているのだろうか。どうしてアリに捕まらないのか。そういう疑問を持ち出すと、どんどん面白くなる。現代人はどんなことにも正解があると思いがちだが、自然を相手にしていると、そんな傲慢な、という感じがする。さまざまな疑問に対して、「わかりませんねえ」と答えるのがふつうなのである。

生きものどうしがたがいに関わり合って生きている。それは当然で、ヒトだって、かならず生きものを食べる。アリとアリノタカラはおたがいに離すことができない。どちらも生きるために、相手がかならず必要である。これははたして例外だろうか。生きものどうしの関係の研究は、始まったばかりだと評者は思う。十九世紀以来の近代生物学は、欧米社会の思想を反映して、独立した個や種をなんとなく重視してきた。でも生きものは、自分だけでは生きられない。たがいの関係性の中で生きる。この図鑑は、その意味で二十一世紀の生物学のあるべき姿をも、よく示しているのである。

（2013年2月24日）

自然とともに仕事を

『渇きの考古学　水をめぐる人類のものがたり』
スティーヴン・ミズン著、赤澤威、森夏樹訳（青土社）

ヒトとドブネズミはとくに多くの水を必要とする哺乳類である。今の季節には熱中症への注意が絶えず広報される。その背景は脱水である。しかもヒトは社会的動物で、集団で暮らす。集団が大きくなり、都市を形成すると、水の供給が大問題となる。飲料水を典型とする生活用水、農業用水の供給、そのための灌漑《かんがい》が常に都市の死活問題となった。中国史では水を治めるものが天下を治めるとされた。

ヒトは水のような汗を大量に出す。周知のようにイヌやネコはそういう汗をかかない。汗は蒸発して、蒸発熱を奪い、体温を下げる。日本のように高温多湿の夏だと、汗がだらだら垂れ流しになって、じつは汗をかく意味がない。本書で最初に扱われる中近東は、高温だが乾燥した地域だから、住みやすいはずだが、乾燥するということは、そもそも水が不足がちだということである。その意味で人は矛盾した動物というしかない。

本書は古代文明と水の供給システムについて、考古学者である著者が実地を訪問しながら、その歴史を語るという体裁をとる。挙げられているのはレバント、シュメール、クレタ、ナバテア、ローマ、中国、アンコール、マヤ、インカなどで、それに「過去を知り、未来の教訓とするために」という序章と、まとめとしての最終章を付し、全体で十二章の構成になっている。

著者はそれぞれの場所でとくに発掘に関わるわけではない。単なる旅行者として現地を訪問し、学界でこれまでに知られていること、議論されてきた問題を要領よく紹介する。その点では、ふつうの観光客にも参考になる書き方である。たとえばローマでいうなら、マンガの『テルマエ・ロマエ』が人気なくらいだから、カラカラ浴場は多くの人が訪れると思う。でも著者はさらにローマ市の南八キロにある

「パルコ・デッリ・アクエドッテイ」を紹介する。日本語なら水道公園であろう。そこではローマ時代の風景を偲《しの》ぶことができる。著者はそういう。水道に限らず、私は旅では墓地を見学するが、自分が興味を持つ一面に注目すると、単なる観光ではなく、旅行がずいぶん興味深くなる。さらに水路は多くの部分が地下に埋もれているから、遺跡を見学するにも、ある程度の予備知識が必要なことが、本書からよく理解できる。

アンコールやマヤのような熱帯では、水の供給はどうだったのだろうか。どちらも精巧な水利システムを持っていたが、今では密林に埋もれてしまっている。これらの文明の崩壊については、さまざまな議論があった。しかし現在では、その原因は気候変動だと推測されている。すなわち洪水と干ばつの繰り返しである。雨季と乾季が極端になったと思えばいい。たとえば巨木の年輪から、水の多かった年、少なかった年がいまでは測定可能である。

現在のわれわれは、その原因が人工的であるか否かはともかく、気候変動の時期にいるらしい。今年の米国では、西は干ばつ、東は集中豪雨である。最終章で著者は将来について楽観的になるか、悲観的になるかを論じ、結局はどちらでもないとする。ただし注目すべきことは、現代世界で水問題で危機が生じている場所の多くは、古代に精緻な水利事業が行われていた場所だということである。それは現代になにを教えるか。都江堰《とこうえん》を建設した李冰《りひょう》がしっかりと心にとどめていたことを、著者は最後に引用する。「自然に逆らわずに、自然とともに仕事をせよ」。

（2014年7月27日）

問題は人である

『生態学的債務』
アンドリュー・シムズ著、戸田清訳（緑風出版）

論じようと思うと憂鬱になる。だから老人性鬱を避けるために、最近は論じたくない。そういう話題がある。それは広い意味の環境問題である。とくにエネルギーと原発。でもそのさらに裏には、自分自身の直感がある。虫がいなくなったじゃないか。とくに水生昆虫がひどい。赤トンボはどこに行ったのだ。

著者の前提は明瞭である。化石燃料の使用によって、炭酸ガス濃度が増大している。その結果、温暖化が進行する。平均気温で三度も上昇しないうちに、大破局が来るはずである。それがいつであるかは問題だが、そう遠い将来ではない。

それなら炭酸ガス濃度を減らさなくてはならない。だれがそれを出しているのか。

そもそもなぜ炭酸ガス濃度が上昇したのか。いわゆる先進国のせいである。実質経済の成長とは、つまりエネルギー消費の成長である。日本のように急速に経済成長をした国は、それだけのエネルギーつまり化石燃料を消費したから、それだけの炭酸ガスを出したことになる。その結果、地球環境に破綻が生じるとしたら、だれが責任を負うのか。

気温の上昇で気候変動が起きるが、そのときにより大きな被害を受けるのは途上国。もし大気が人類に共通のものであるなら、それを「汚す」側は債務を負っていることになる。乱暴にいえば、それが「生態学的債務」の意味である。世界銀行などが途上国にお金を貸し付けて、その返済を迫る。でも実質的に債務を負っているのは、先進国ではないのか。

こうした思考を素直に追っていけば、解答はおのずと明らかである。ＧＤＰなんか、クソくらえ。燃料は配給制度にしたらどうか。炭酸ガスを減らすためには、使える化石燃料の量は限定される。それに従って社会を運営するしかない。配給について、著者は戦時下のイギリスの例を挙げる。食糧配給制の下で、イギリス人はより健康になった。ただし念のためだが、ナチス・ドイツでも国民の健康は増進した。国家的に禁煙運動を始めたのはヒトラーである。

以前、アル・ゴアの『不都合な真実』を書評したことがある（94P）。アル・ゴアはクリントン政権の副大統領で、たぶん著書のおかげでノーベル平和賞を受賞している。その次のブッシュ政権は京都議定書を批准していない。ブッシュの本音は、アメリカは自分の現在の生き方を変えるつもりはない、というものだった。そのときもその後も、化石燃料をもっとも大量に消費しているのはアメリカである。私は政治は嫌いで、そのよい例はこれである。あっちではこう言っておくが、こっちではこうする。問題は「こうする」ほうである。「こう言う」ほうは頭の中だが、「こうする」ほうは腕力である。世界は最終的には腕力で規制される。そう思っているから、アメリカは世界の警察官を演じる。だからそれに対抗してテロが生じる。

著者はイギリス人で、たぶん個人的に話をすれば、喧嘩《けんか》にはならないであろう。

論理はその通りだと思うからである。ではなぜ世界はそう動かないのか。大勢の「まともな」市民がいわば経済成長を目指して働いている。その家族は車を使わないことについて、どう思うだろうか。トヨタや日産の従業員はどうすればいいのだろうか。日航はどうか。

一つだけ、はっきりしていると私は思う。問題は炭酸ガスではない。人なのである。

（２０１６年３月13日）

手入れと生態系

『外来種は本当に悪者か？　新しい野生　THE NEW WILD』
フレッド・ピアス著、藤井留美訳（草思社）

よく考えずに、こうだと決めてしまっている。世間で論じられていることには、あんがいそれが多いのではないか。本書の主題である外来種問題も、その一つであろう。よそ者は生態系の純粋さを乱す悪者だ。おかげで地元の可憐《かれん》な生きものがいなくなる。それが一般の印象ではないだろうか。

著者はさまざまな事例を取り上げつつ、この問題を吟味しなおす。多くの場所を訪れ、多くの人にインタビューする。ただし生態学の専門家ではなく、英国の科学ジャーナリストである。以前出版された『水の未来』（日経BP社）もたいへんよくできた報告で、その内容はいまでも私の頭に残っている。

総論としていえば、外来種はいずれは地元の生態系に取り込まれる。さもなければ、まったく滅びてしまう。あえて外来種を駆除しようという試みはたえずなされるが、ほとんど不可能に近い。時にはまったくのムダ、要するに費用対効果が釣り合わない。著者の挙げる例を読んでいただけば、それに納得がいくであろう。

では生態系はどうなるのか。外来種を含めて成立していく新しい生態系、それを著者はニュー・ワイルドと名付ける。それが二十一世紀の生態系なのだ、と。私は昆虫を調べている。この分野では外来種はきわめて多く、とくに国内での移動は極端に激しい。ほとんどの人は虫に関心を持たないから、あまり知られていないと思うが、私の一生の間でも、急激な変化が起こっている例は枚挙にいとまがない。いなかった虫が採れるようになり、たくさんいた虫がいなくなる。

はたして生態系は明確に解明できるのだろうか。ここまで来ると、専門家を含めて大論争になるかもしれない。でもある地域の生態系を完全に調べ上げた例はないはずである。植物、動物、菌類、細菌まで含めたら、生態系というけれども、全体像の把握は困難であろう。できないといったほうが早いに違いない。生態系という言葉は当然になっているけれども、外来種はその中のたった一つの要素であることが多い。全体が見えていないのに、たった一つのものの影響がきちんとわかるのだろうか。

本書は南大西洋の孤島であるアセンション島への著者の訪問からはじまる。ここはいまでは樹林に覆われている。でもそうした樹木はすべて外来種である。十九世紀半ば以降、世界のあちこちから持ち込まれた樹木で雲霧林が形成されている。そこには見事な生態系が出現しているのである。おそらく新種はいないと思うが。

環境省が外来生物のリストを作ったことがある。それを見ていて思った。ヒトが入ってないじゃないか。ほとんどの外来種は意図的にか、無意識にか、ヒトが移動させる。自分で移動してくるヒト自身は移入種とはいえないかもしれない。でも地元の生態系にもっとも大きな影響を与えるのは、ヒトに決まっている。背後にそれもあって、できるだけ「自然の」生態系を保全しようという運動が起こるのであろう。

生態系とは動的なものである。それを静的に把握し、コントロールしようとする。そこに無理が生じるのは当然であろう。だから日本では古来「手入れ」なのである。手入れは一度で済むものではない。日常化するものである。

自然の保全に関心の高い人たちには、ぜひ目を通してもらいたい本である。

（２０１６年８月７日）

原型と反復

『分節幻想　動物のボディプランの起源をめぐる科学思想史』
倉谷滋著（工作舎）

八百六十ページという大著である。めくってみれば、すぐにわかるが、動物それも胎児の図が多い。専門書ともいえるが、扱っている主題はきわめて一般的なものである。動物の体制（ボディプラン）の根本はなにか、という問いだからである。ある基本的な形があって、すべての動物の体制はそこから導かれる。これを古くは原型と呼んだ。

そこには繰り返し構造がある。それが比較解剖学を成立させた一つの前提である。ゲーテがヴェニスの海岸で羊の骨を見る。頭骨の後方部は脊椎《せきつい》と同じじゃないか。その直感から、ひょっとすると頭全体が脊椎と同じ繰り返し構造でできているのでは、と疑う。同時代のオーケンも同じことを感じた。

こうして本書は比較解剖学の歴史をまず追う。登場する学者たちは、解剖学者以外の人にはなじみが薄いであろう。著者は原典をよく読みこんで整理する。学説史をいわば列伝のように書く。その意味では、著者がいうように、どこから読んでもいい。

次に進化論の時代が来る。そうなると、原型は祖先型に置き換えられるはずである。そこで比較発生学の出番となる。動物の形が祖先から子孫へと移り変わっていく様子は、胎児が変化していくありかたと重ね合わされる。進化は済んでしまったことだから、実験室には入れない。実験室に入れる、つまり経験的に確証できるのは、発生過程だけである。それが現代の進化発生学に至る流れとなる。

著者の専門は比較発生学、進化発生学である。ここから著者の筆致は生き生きとしてくる。現代では分子生物学的な手法が利用できる。同じ分節構造を扱っても、背骨に現れる古典的な中胚葉性の分節だけではない。神経系には菱脳《りょうのう》分節が独自に存在することがわかってくる。ゲーテ以来の頭の繰り返し構造は、現代的な生物学の対象として再出発するように見える。

現代的な所見も扱っているとはいえ、本書の中心はやはり分節構造であろう。著者を含めて、なぜそれが研究者たちを引き付けてきたか。著者はそれを「幻想」と呼ぶ。分節構造は事実だが、それを原型に求めるのは「幻想」である。つまりヒトの考え方である。だから古典的な形態学の原理は「先験的」と表現される。「経験に先立つ」という意味か。

評者自身はだからそこに脳を導入する。導入すればいいと思う。頭の中だけのことを先験的というのは、考えることは「経験的ではない」と意識が「先験的に」決めているからである。その先験に依存して、先験的はダメだと経験科学側にいう権利があるのか。

生物の形態が時間とともに変化する。それが進化であり発生である。そういう現象をヒトの意識が記述する。そのやり方は、どういうもので、何種類あるのか。

そこに原型が生じ、反復が生じる。原型は概念である。概念を一義的に記述する。でも自然物の概念化は厳密に可能か。それが不可能だから、自然科学はいわば無限に進行する。さらに進化や発生のような時間的過程を記述するなら、反復は避けがたい。現に時計の文字盤は反復である。反復しないなら数字でデジタルに表現する。これはひたすらなる延長であろう。

生物について、さらにはその形態について、考えたい人には本書は必読である。ところどころに息抜きのコラムが入る。こういう筆致で書ける人だから、さらなる健筆を期待したい。

（２０１６年12月11日）

それはどういうことですか

『ぼくは虫ばかり採っていた　生き物のマイナーな普遍を求めて』池田清彦著（青土社）
『絶滅危惧の地味な虫たち』小松貴著（ちくま新書）

虫の本が二つ重なった。ただし池田の著作では虫はむしろ背景であり、池田の主張する構造主義生物学の概説と、進化や雌雄、クマムシの問題など、池田の考え方の具体例への適用が主体となっている。逆に小松の著作は直接に虫の事例を列挙し、途中コラムとして虫マニアの行状を含めた、環境保全に関する日本社会の現状への思いが述べられている。

池田の著作は、二十年近くにわたって書き、語ったものを集めている。かといってバラバラではなく、全体として見れば、構造主義生物学の要旨を上手にまとめて伝えている。池田の主張は決してやさしくない。また現代科学のあり方からすれば、主流から外れている。その二つの点から、池田の著作を読もうとしない人も多いかもしれない。しかも池田の表現はしばしばきわめて辛辣《しんらつ》である。

この二つの著作は、まったく異なるようで、じつは大きな共通点がある。両者はともに現代における博物学であり、博物学の思考にもとづく、ということである。博物学では自然をそのまま見て、実験室に持ち込めるような解釈をしない。別な表現をすれば、理論から帰納しない。科学は理論に基づいて発展する。現代ではそう信じる人が多い。池田の話はむずかしい、あるいは小松は些細《ささい》なことを扱っている。そう考えるとすれば、それは単に現代の常識に過ぎない。両者はともに通常の科学の前提と少し違っているので、受け入れづらいのだと思う。両者の業績が論文にならない、なりにくいというのも、そこに原因がある。だから池田も小松も単行書の形式を採る。これは博物学では一種の必然である。論文の形式は学界が決めているもので、学界とは一種の業界だから、その取り決めに従わないと、論文になりにくい。でも自然はそんな人間世界の義理に従って動いているのではない。ファーブルも、論文ではなく、単行書を書いた。

小松の著作はむずかしくない。理論など、ほとんどない。甲虫から始まって、さまざまな昆虫の目《もく》、つまりハチやハエやバッタについて、「より小さく、より目立たなく、より知られていない」虫たちが、現代日本の自然状況では、いわば存亡の危機にあることを、いくつも重ねて紹介する。叙述が平易とはいえ、よほど虫に関心がないと、通読するのが困難かもしれない。でもこうした実例の積み重ねによって、一言「状況は危機的だ」と簡潔だが抽象的に述べるより、はるかに説得力が増す。これが博物学なのである。それだけの実例を積み重ねる努力、その実際を読者は想像できるだろうか。

要するに、それはどういうことですか。いくつも似たような事例を並べないで、一言で言ってくださいよ。そう要求する人がいかに多いか。それに一言で答えることは可能かもしれない。しかし答えを要求した側はどうか。自分は安易に世界を生きている。そう気づくことがあるだろうか。それに気づきたくない人が増えたから、博物学は人気がなくなったのか。私はそう思っている。指導要領によれば、生物学の教科書は列挙を認めない。すべての生きものは、ＤＮＡにもとづいて、要するに同じ生き方をする。そう思っているのであろう。そう邪推するしかない。

池田は「虫ばかり採っていた」はずだが、進化に言及することも多い。進化論ほど議論が沸騰する分野は、科学という分野の中でも少ない。進化の理論を打ち立てるのは、生物学者の「見果てぬ夢」なのかもしれない。池田はクマムシに関心を持つ。凍らせても、乾かしても、死なない生物。水をかければ生き返る。構造や要素の布置が中心だと考えようとする池田が関心を持つはずである。乾いたクマムシの中では、高分子がはっきりした配置をとり、論理的にはそれは再現できるに違いないからである。

ただし生きものは意地が悪い。私はそう思う。乾いたクマムシを生き返らせるには、水をかけなければならない。水は表面から滲《し》み込む。凍らせる場合と等しく、生物体全体を同時的に一定の物理化学的な条件下に置くことはできない。表面が凍っても、中はまだ。溶かす場合も同じ。「半分生きて、半分死んでいる」。それは私自身であり、じつは最近の私の著作の表題でもある。

人間の活動としての虫マニアと資本主義の根幹は同じかもしれない。その原理が蒐集《しゅうしゅう》と希少性だからである。それにしても、私のようないわば虫マニアにとってすら、小松が教えてくれる実例は驚くべきものである。通読できないと思う読者も、時々この書物を開いて、エッ、こんな虫がいるのか、と思ってくだされればありがたい。体長数ミリの虫を見つけるために、小松がどれだけ土を掘り、石を起こし、沢を上り下りしたことか。

こうした活動は、世の常識に反して、経済と同じく、人にとっては当然なものであるのかもしれない。

（2018年4月1日）

研究室の外へ

『里山に暮らすアナグマたち　フィールドワーカーと野生動物』
金子弥生著（東京大学出版会）

里山に暮らす哺乳類は多いが、その中で著者が主に研究対象としたのがアナグマである。アナグマ研究についてはイギリスのオックスフォード大学が有名で、この大学の近傍には本書にも記されるワイタムの森があり、アナグマが高密度に生息する。著者はこの大学にも留学して研鑽《けんさん》を積む。アナグマは里山の動物とはいえ、ふだんあまり見慣れない動物で、私は二十数年前に、当時は岩手県大船渡市にあった北里大学水産学部の校門で一度見ただけである。夜行性のアナグマを昼間に人里で見るのは珍しい。つい二、三年前、箱根の別荘で客人たちと外食して戻ったときに、客が子連れのアナグマが裏庭を歩いていたので写真を撮ったと言っていた。この家族にも残念ながらその後出会っていない。

本書はアナグマだけについて書かれたものではない。副題が示すように、里山の動物についてフィールドワークをしてきた女性研究者が、自分の研究歴を仲間との関わり合いも含めて、丹念にまとめたものである。わざわざ女性と書くのは、女性のフィールドワーカーが少ないというだけではなく、動物の生態研究では著しい男女差が出る場合があるからである。

著者は幼いときから動物好きで大学生でケニアに留学し、「動物の行動の意味をわかるようになりたい」と強く思い、動物学を志したという。同じ動物学研究の中でもフィールドワークは見ようによっては過酷な作業であり、好きだからこそできるという面がある。著者はそれだけではなく水泳で鍛えた体力を背景に野外作業に挑戦する。体験から発する著者の文章は克明で力があり、実験室にこもらずさまざまな実地研究を志す若者たちを力づけるであろう。

里山に生息する哺乳類で著者が対象としてきたのは、キツネ、タヌキ、イタチ、テン、アナグマである。後の三者は種としては日本固有とされる。そのほかに、ハクビシン、アライグマなどの移入種がいる。アナグマを除けば、これらの動物は日本の里山を歩き回っていれば、いずれは出会う相手である。

本書は七章に分けられている。第一章は「里山というフィールド」の総説、第二章は著者とアナグマとの具体的な関係、第三章では「里山のフィールド」として東京都日の出町でのアナグマの生態が記され、第四章はもう一つのフィールドとして水戸市での調査が紹介される。第五章がイギリスのフィールド、オックスフォード近郊のワイタムの森での研究と、そこでの研究者たちとの交流が描かれる。イギリスでは動物の福祉あるいは愛護に関する関心が高いので、著者は「研究者がどのようにして批判を乗り越えて作業を行っているのかにも興味があった」「結論からいうと、『十分に配慮を払うものの、実験を行うと決めたら、データになるまで手加減しないでやり遂げる』というのが彼らの動物を用いた研究に対する姿勢だと思った」ということを学ぶ。

偶然とはいえ、本書の出版にやや遅れて、パトリック・バーカムの『アナグマ国へ』（新潮社）が今月末、出版される。イギリスでのアナグマをめぐる社会状況が歴史を含めて丁寧に記されており、人と動物との関わりについて教えられることが多い。併読すれば興味深いと思う。

（2021年1月9日）

社会運動まで含めた「総合治水」

『生きのびるための流域思考』
岸由二著（ちくまプリマー新書）

子どものころから不思議に思っていたのは、川の水である。雨も降っておらず、一見乾いていると見える地面を流れてゆくのに、次第に川が太くなり、河口ではまさに滔々《とうとう》と流れる。

あの水はどこから来るのか。

支流が次々に合流するからだという理屈はわかる。だが、感覚が納得しない。

そこで小学生のときに、友人と語らって、市内を流れる川を源流までさかのぼる冒険をしたことがある。確かに源流にはたどり着いたが、川の水は細くなる一方で、川の水が一体どこから来るのかという疑問は、解けないままだった。いまだに直感的には納得していない。八十を超える年齢になって、流域思考に関心を持つ根本にはその疑問がある。

本書は鶴見川の流域で暮らし、何度も水害に遭い、総合治水に関心が強い著者が流域についてまとめたもので、学者という言葉から連想される理論だけではなく、社会運動をも含めたいわば筋金入りの流域思考を展開する。

本書は二〇二〇年国土交通省河川分科会が流域治水という方針を発表したことを受けて、流域治水の新しい動向を紹介する緊急出版だと著者は書く。

第一章「流域とはなにか」では集水、流水、保水、増水、遊水、氾濫、排水など概念と言葉の定義を扱うので、やや教科書的であり、たとえば私自身は「洪水」とはそういうものか、と認識を改めた。洪水を通常の流路つまりいわゆる川から水が外にあふれ出た状態だと単純に理解していたからである。

第二章は「鶴見川流域で行われてきた総合治水」と題され、この川の流域に関するきわめて具体的な各論である。一九八〇年以降四十一年にわたって、著者たちが進めてきた「総合治水」がいかなるものであるかが、現場に即して理解できる。ただし「現実の制度・法律の世界は一筋縄ではゆかない複雑さがあります。流域治水の提言ひとつで、流域管理が一本化されるわけではありません。流域治水そのものはビジョンであり、総合的な法定対策を円滑に進めるためには、さまざまな法律や条例等の改定、関連づけや予算執行についての課題を解決してゆかなければなりません」。この文章だけを読んだ人は、その通りだとただ簡単に読み過ごすかもしれない。しかし第二章の詳細に触れた人は四十一年にわたる著者たちの努力がいかなるものであったかに思いが届くであろう。

第三章「持続可能な暮らしを実現するために」は未来への見通しを語っている。著者は生物学者、進化学者、生態学者でもあり、総合治水は単に土木技術の問題ではなく、地球環境、生物多様性の問題でもあることをはじめからよく知っている。著者はそこで「流域地図を持つ」という提案をする。自分の住む流域の地図を各人が頭の中に持つ。それを共通認識とした上で、さまざまな問題を考えようと提案する。最近環境省では子どもたちのために「読本」を作っており、それは「森里川海大好き！」と題されている。要するにこれは流域であり、流域という漢語で示すより子どもが具体的にイメージしやすいということから採用されたのであろう。著者自身は複数の表現があってもいいという考えのようである。（2021年7月31日）

森林の国で

『「木」から辿る人類史　ヒトの進化と繁栄の秘密に迫る』
ローランド・エノス著、水谷淳訳（NHK出版）

プロローグで著者は言う。「いまや、木の役割を見直すべきときだ。本書は、このもっとも汎用《はんよう》性の高い素材と私たちとの関係性に基づいて、人類の進化、先史時代、歴史を新たに解釈しなおしたものである」「読者には何よりも、石・青銅・鉄という三種類の素材との関係によって人類の歴史が方向づけられたとする従来の定説に惑わされずに、この世界を見つめてみてほしい」。ここでは本書が、いわば私の頭に入っているような従来の常識への挑戦であることが明確に宣言されている。

人類史として、時間軸は三部に分けられ、第1部「木が人類の進化をもたらした」は数百万年前から一万年前までとされ、第2部「木を利用して文明を築く」は一万年前から西暦一六〇〇年まで、第3部「産業化時代に変化した木材との関わり」、第4部「木の重要性と向き合う」は西暦一六〇〇年から現代までということになっている。著者の論考は主として欧州それも英国に中心が置かれ、例えば日本で重要とされる森林の保水能力に関わる論考などはほとんどない。当然ながら、人類と自然環境の関連は場所により、文化により異なるので、本書の論述をそのまま日本に当てはめることはできない。

第1部はヒトの身体的特徴とされるものが、二足歩行を含めて、森に棲《す》んだことと、どう関係してきたかを論じる。周知のように、ヒトの祖先は東アフリカが乾燥して熱帯雨林がサバンナに変化していく過程で、森を出てサバンナに下りたと考えられてきた。近縁の類人猿、ボノボ、チンパンジー、ゴリラは熱帯雨林に留《とど》まったままである。第1章「樹上生活の遺産」では、樹《き》の上で暮らすことにより「身体の大きさ、大脳皮質の割合、そして知能というこれら三つの特徴は、じつは互いに結びついていて、霊長類は大型化するにつれて賢くなっていった」。身体の大きな類人猿の知能がなぜ発達したか、オランウータンを例にとって、著者はそれを丁寧に解き明かす。

第2章は「木から下りる」で、初期の人類が地上に下りたことと木材との関係を述べる。そこには植物の根を掘るための道具としての木材と木材を燃やす火という二点が重視される。第4章「道具を使う」では、石器に対する木製の道具の利点が述べられる。

第2部は第5章「森を切り拓《ひら》く」から始まる。「木舟による交易の始まり」「農耕の開始」「どのようにして森を切り拓いたか」「家や井戸を造る」「萌芽《ほうが》から木を育てる」という項目から成り、第6章は「金属の融解と製錬」と題され、「木炭で金属を製錬する」「造船技術の進歩」「車輪の発明」「アメリカ大陸ではなぜ車輪が使われなかったのか」という項目を含み、第2部でわかることは「新技術は古い技術にとってかわるのではなく、古い技術の新たな活用法を促すのだ。銅や青銅の場合、これらの新素材がおよぼした最大の影響は、旧世界の人々が主要な構造材である木をもっと効果的に利用できるようになって、輸送網に革命を起こしたことだ」。
第7章「共同体を築く」以降は現代に近づくので、木工、楽器、紙などの各専門分野に任されるべきであろう。森林面積が国土の七割近くを占める日本で、木に注目するだけでよかったのに、ここまで興味深い人類史が書かれなかったのは、なぜであろうか。

（2021年11月6日）

キノコのネットワーク

『菌類が世界を救う　キノコ・カビ・酵母たちの驚異の能力』
マーリン・シェルドレイク著、鍛原多惠子訳（河出書房新社）

長年、森に関心を持ってきたが、本書を読んで、森のイメージが変わった。「木を見て、森を見ず」という言葉があるが、自分は確かに木を見て、根をよく見ていなかったなあ、と思う。たとえば著者は熱帯雨林の木の根を掘って、徹底的に追いかける。根の先端は菌糸と絡み合っている。

ＷＷＷ（ワールド・ワイド・ウェブ）という言葉がある。インターネットが世界中に張り巡らされたネットワークになるという意味だが、最初のＷをｗｏｏｄ（森）に変えてもいい。そうすればウッド・ワイド・ウェブということになる。森の地下全体に菌糸のネットワークが広がっている状況である。

これをどう考えたらいいのか。まず問題は、この網の目が見えないということである。とりあえず頭の中でこの網の目を想像するしかない。そのところどころからキノコが生える。キノコは子実体《しじつたい》と呼ばれ、胞子を作って菌の領域を広げる。

私が学校で生物学を習った頃は、生物の世界は単細胞の細菌と、動物・植物の二つに大分けされていた。現在では動物、植物、菌類という三区分になっている。菌類の中には、ヒトの生活に関係の深い酵母のような単細胞生物も含まれている。

菌糸の網の目は、根の先で木と物質のやり取りをする。それは情報のやり取りでもある。そう思えば、まるで脳みたいだが、もちろん脳ではない。

生物を扱う学者は、自分が扱っている対象に似てくるという。本書は網の目のように各部が繫がりあって構成されており、特定の筋書きに沿って、すっきりした因果関係を説明するようなものではない。まさに菌類の博物誌であり、最近発見された事実を網羅する総説である。

副題には「キノコ・カビ・酵母たちの驚異の能力」とあるが、それはＷＷＷの一面に過ぎない。我々は自分の都合で世界を見てしまうが、菌類は「自然はそういうものではないよ」と、教えてくれる。

キノコ好きの人は多い。本書でも菌類研究にアマチュアがどれだけ寄与してきたか、現在寄与しているかが記されている。おいしいキノコ、毒のあるキノコというのが、一般の人の菌類に関する認識であろう。そのキノコを作るのは、背景に存在している菌糸の網の目であり、その網の目自体を「見る」ことはほとんどできない。我々が一口に「緑」と呼ぶものは、ＷＷＷに支えられた可視的な部分のみなのである。

著者は「私は菌類を研究しているときほど菌類らしく振る舞うことはない」と記す。「互いに便宜を図ったりデータを融通したりして、すぐに学術的な相利共生関係を結ぶ」。

生物学は、物理や化学のような無生物で成功した研究方法を取り入れて発展してきた。今ではネットワークを扱うにはどうすればいいのか、という大きな問題に直面している。

本書の最終章は「菌類を理解する」と題される。「もし私たちが動植物ではなく菌類を『典型的な』生命体と考えるなら、私たちの社会と組織はどのように変わるだろうか」。つまりはそういうことなのである。菌類は果たして特殊な例外なのか。

（2022年2月12日）

経済栄えて、山河無視

『世界遺産　奄美』
小野寺浩著（南方新社）

著者は元環境省自然環境局長。技官としての経歴をはじめ、国立公園や鹿児島県での勤務など現場の経験も長い。帯のキャッチコピーは「自然の〝価値〟とは何か」であり、いわば著者の畢生《ひっせい》の仕事のまとめがこの本になった。著者の基本的な立ち位置は、冒頭の「はじめに」に引用される「鹿児島環境学宣言」の全体に記されている。「環境問題は二一世紀最大の課題である。それは二重の意味をもっている。第一は外部にある環境の破壊であり、第二は私たちの内にあった自然に対する感性の喪失である」。

「奄美大島、徳之島、沖縄島北部及び西表島」の世界自然遺産登録は直近のことであり、本書のタイトルはそこからきている。しかし、その裏には、いわゆる自然との共生、つまり奄美の自然と地元民の生き方が未来の人類の生き方の参考になれば、という著者の希望が込められていると思う。

国破れて山河ありと古詩に言うが、ここ数十年、私が生きてきた時代は、経済栄えて山河無視という状況であった。著者はいわゆる環境原理主義の立場を取らず、地元民の利益を常に考慮し、具体的にはかならず妥協点があるという信念のもとに、一見対立するような各分野の間で折衝を重ねてきた経験があり、それが本書の内容を深いものにしている。

全体は「奄美とはなにか」「自然保護制度」「実践的計画論」「自然保護再編のために」という四章に分けられ、前半は全体を俯瞰《ふかん》しデータを示し、役所的でやや硬いと思われるかもしれない。しかし第一章では奄美の地史、社会と文化、歴史に具体的に触れ、総論的に奄美を知りたい人にとっては良き参考となるはずである。第二章は国立公園を中心として国の制度を紹介し、その中での奄美を位置づけ、後半の二章が著者の本音の述懐に近くなっている。

著者は第三章で詳しく述べられるように屋久島の世界自然遺産登録にも尽力したが、「なぜ奄美なのか」という本書の趣旨を読者がくみ取れるまで読んでくだされば素晴らしいと思う。

折しもコロナがあり、ウクライナでの戦争があって、新しい生き方、未来世界の在り方を考えざるを得ない時代になった。幕末に長崎に入港したオランダ船の水夫が風景を一見して「天国」と叫んだという記述が、オランダ海軍軍人カッテンディーケの日記にある。それを将来の世代に残すことが現代日本人の責務ではないのか、と感じる。

近未来を考えるなら、二〇三八年から四〇年ごろに南海トラフ地震が想定されており、地震だけではなく、それに伴う噴火があってもおかしくない。とりあえずは災害時の救急に目が集中しているが、予想される災害からの「復興」を考えれば、環境保護を含めた国土の未来像に関する大きな計画は欠くことができないはずである。それをどう想定するかは、目前の急務であろう。当然ながら、復興の資金調達は経済の重大問題になるし、どのように復興するのかは、国民の抱く社会の未来像と強く関係する。

こうした面は本書の範囲を超えるが、評者自身は本書を読んで、右の問題に自然に考えが向かわざるを得なかった。本書はわが国における「自然保護」を考える上で重要な教科書であり、基本的な参考書と言えよう。

（2022年3月26日）

農業史一万年を辿る

『土を育てる　自然をよみがえらせる土壌革命』
ゲイブ・ブラウン著、服部雄一郎訳（ＮＨＫ出版）

自然は別に理想的にできているわけではない。想像しがたいほどの長い年月を経てひとりでに（自然に）成立したものである。

本書はアメリカの農家ができるだけ自然に従って、つまり不耕起で化学肥料、殺虫剤、除草剤を使用せず、農業と畜産業を始めて、実際に採算が取れるに至るまでの考え方といきさつを記している。成功物語としても面白く、将来の農業を考える上で、乾燥地帯かつ大規模農業の話とはいえ、日本での農業にとっても、大いに参考になると思う。

タイトルにあるように、著者の考え方の中心にあるのは、「土」である。巻頭に何枚もの写真があるが、写真とその解説を読んでいるだけで、全体を把握できてしまうと思う。

世界のあちこちを旅して思うことだが、ほとんどの川が茶色く濁っている。これは流域の土が流出しているからで、巻頭の二枚目の写真には「自生の牧草地を流れる水はこんなにも澄んでいる」と解説されている。高校生のころ、屋久島に昆虫調査に行った専門家に「豪雨が降っても屋久島の川は濁らないんだよ」という話を聞いた。人がかく乱しない土地では、土は流出しないんだなあ、と当時思った覚えがある。

雨として降った水はもちろん土の中を流れるわけで、そこには流路つまり構造がなければならない。土の中にも、小さな川のような立体的な網の目状の水路が細かくできており、それが次第に合流して、地上に出れば目に見える川となるのであろう。網目の間の土の塊を著者は団粒構造と呼んでいるようである。そこには多くの細菌、菌類ほかの土壌生物が住んでいる。

アメリカでやっている農業が、日本でもうまくいくのだろうか。そう思った人はまず序章の「日本版に寄せて」をお読みください。土地によって事情が違うことを、著者は百も承知である。だから続いて、土の健康を保つために五つの基本原則を挙げる。これは第7章「土の健康の5原則」でより詳述される。①土をかき乱さない、②土を覆う、③多様性を高める、④土の中に「生きた根」を保つ、⑤動物を組み込む。六つ目を挙げるとすれば、収益性を含めて、その土地の背景に適応することである。

第9章「土さえあればうまくいく」では、著者以外の成功例が報告される。大工や消防士など農業の素人がはじめた例もいくつかある。有機農業の場合それぞれ土地の事情がまったく違うことが多いので、どうしても個別の例を列挙することになる。これは日本の場合でも同じである。

読了して思う。農業の歴史一万年の間、土をさんざん掘り返してきて、それこそが農業だと思わされてきたが、今になって掘り返さないほうがよかったんだと言われると、一瞬唖然《あぜん》としてしまう。評者自身は自分で農業に携わっているわけではない。だから本書を参考にして具体的に何かしようと思ってはいない。ただ書物として読んだだけなのに、たいへんに面白かっただけではなく、良い経験をしたと感じられた。それは著者が自己の体験を通じて素直に語ることで、農業だけではなく、何か新たな仕事を始めるときの心構えや原則を言外に教えてくれるからだと感じる。

（2022年6月25日）

大絶滅時代を迎えて

『サイレント・アース 昆虫たちの「沈黙の春」』
デイヴ・グールソン著、藤原多伽夫訳（ＮＨＫ出版）

週一回、虫好きが集まって、なんとなく話をする。そこの話題の半分以上は、虫がいなくなった、という嘆きである。この本が出たので、日本だけではないらしいよと、とりあえずそこで皆さんに紹介した。

虫なんか、いないほうがいい。そう思う人も多いと思う。実際にハエはあまり見なくなった。若者はハエ捕り紙がブラ下がっている風景なんて、見た覚えもないであろう。高速道路を走った後の車のウインドスクリーンが潰れた虫で汚れて、それを掃除することも減ったはずである。新幹線の最前方の窓は見たことがないが、同じであろう。

著者はイギリスの昆虫学者だが、世界中の状況について、調べた結果をじつに丁寧に報告する。アメリカにはオオカバマダラという鳥のように渡りをするチョウがいて、冬は南部の暖かい地域で集団になって越冬するので、有名である。大きなチョウなので、数えやすい。「カリフォルニアで越冬する西側のオオカバマダラは一九九七年には一二〇〇万匹ほどいたが、二〇一八年と二〇一九年には三万匹もいなかった」。

もちろんこういう所見をいくら積み重ねても、いわゆる科学的なエビデンスにはならない。しかし、さまざまな分野で、生物の絶滅が進行しているという主張は多い。ヒトという生物もおそらく例外ではない。いわゆる先進国はどこも少子化で、このままの状況が仮に続くとすればいずれの国民も絶滅ということになろう。

虫が減るというと、もちろんなぜか、原因は、という疑問が生じる。もっとも犯人に挙げられやすいのは農薬、化学肥料、殺虫剤、除草剤である。それ以前に地球上に存在しなかった化学物質を地表にばらまく。その結果は決して完全には読めない。コロナ・ワクチンに関する議論をお読みになった人はお分かりであろう。

「コロナにかからなかった」

「ワクチンのおかげだな」

「コロナにかかった」

「重症化しなかったでしょう。ワクチンのおかげです」

「重症化した」

「基礎疾患があっただろう」

「死んだ」

「合併症ですな」

以上は中国の小話だという。農薬の害を説いても、似たような問答に巻き込まれる可能性が高い。ワクチンを農薬に置き換えてお考えください。

人体ですら「小宇宙」といわれるくらいの複雑な自然であって、それにある特定の化学物質を投与するとなにが起こるか、完全には予測できない。

本書は四百ページを超える大部の書物だから、全部を読破しようという人は少ないと思う。しかし、世界中の虫に何が起こっているのか、その事実を知りたいと思う人には良い参考書であろう。

著者は最終章の第21章「みんなで行動する」で、「じゃあ、どうすればいいのか」という対策を列挙している。とりあえずはここを読んで、できることを実行していただくのが良策だと思う。

それで問題が解決すると、私には思えない。根本問題は、自然は理性的にコントロールできるはずだという、もともとが欧米由来の暗黙の前提であろう。ヒトはそれほど利口でも、理性的でもない。

（2022年9月24日）

害虫との長い戦い

『招かれた天敵　生物多様性が生んだ夢と罠』
千葉聡著（みすず書房）

本書はいわゆる「害虫」に対する防除の歴史を、社会の流れや思想的背景を含めて、そこに関わった研究者たちの評伝を通して、丹念に描いたものである。中心の主題は天敵を利用する生物的防除であるが、著者が繰り返し述べるように、防除は生物的防除の一本槍で済むものではない。殺虫剤ＤＤＴに代表される化学的防除は、常に使われてきたし、今でも使われている。現在の社会状況では、対コロナ政策を考えるとわかりやすい。生物的防除はワクチン接種に相当し、消毒は化学的防除に相当する。それ以外にも、数多くの施策がある。

元来その土地にいなかった動植物が入り込むと、急激に増殖して、社会的、経済的な被害が大きくなることがある。産業革命以降、世界に発展した「日の没することのない」大英帝国はアメリカ、カナダ、オーストラリア、ニュージーランドなどを含む、巨大な植民帝国を築き、本国や植民地間の物流が盛んになった。本書の前半はその間に生じた移入種問題を扱う。英米社会が話題の中心となるのは、以上のような背景から当然であろう。

十九世紀後半にアメリカでイセリアカイガラムシが大発生し、柑橘《かんきつ》類の樹木に深刻な損害を与える事態が生じた。当時の農務省昆虫局長チャールズ・ライリーは、このカイガラムシがオーストラリア原産であることをつきとめ、現地に研究員を派遣し、天敵のベダリアテントウを発見する。本書の表紙カバーの図はこのテントウムシである。ライリーはこの虫を研究室で増殖させ放飼《ほうし》することによってカイガラムシを抑え込んだ。

その後、日本でもイセリアカイガラムシに対し、ベダリアテントウが放飼され、抑制に成功している。評者は小学生のころ虫捕りをしていて、この虫が初めて網に入った瞬間を今でも忘れていない。普段見ている日本古来のテントウムシとは、なにか感じが違ったからである。単純に表現できないが、その土地の昆虫たちの色彩や紋様には「その土地らしさ」があって、慣れてくるとそれがわかってくる。ベダリアテントウは「日本らしく」なかったのである。だからこそ記憶に残ったが、いまはネットで世界各地の虫を見ることができ、入手すら可能だから、子どもたちにこうした感覚は育ちにくいだろうと思う。

第五章「棘《とげ》のある果実」ではウチワサボテンに対する天敵の導入が紹介される。昆虫に対する昆虫ではなく、植物に対する天敵である。この例はイセリアカイガラムシ防除と同じように天敵の導入が成功したハッピーエンドの物語である。もちろんそのあとに「ただし」が付く。ワクチン接種の後に、副作用が徐々に問題になってくるのと似たようなことである。

第九章「意図せざる結果」は、化学的防除と生物的防除の関係を扱って、大切なポイントとなる。

〈私たちがより多くを学べるのは、必然の失敗からである。たとえば、なぜ米国の害虫駆除はＤＤＴで致命的な失敗をしたのか。

第七章で紹介したように、農務省の資金不足、短期業績志向の成果主義、基礎研究の軽視、社会的インパクトを求める圧力によって、技術開発が化学的防除だけに集中し、防除手法の多様性が失われたことが遠因だった。そこに戦争とＤＤＴの登場に企業の利潤至上主義が重なり、一時的な成功と安全性への過信が招いた失敗だったと考えられる。

農薬しか選択肢のない中で、慢性毒性や環境負荷に無知ならば、当時のほかの農薬に比べて急性中毒のリスクが低いＤＤＴに使用が集中するのは当然だった〉

この文章は、単に化学的防除の失敗を論じたものとして、読み飛ばされるべきではない。さまざまな社会的施策、とくに生物としてのヒトが関わる問題では、しっかり参考にすべきであろう。少子化問題などを論じるときの立場として応用できるはずである。

生態系とはいわば立体的な網の目のようなもので、これをあえて扱おうとする困難がこの部分によく表現されている。話は「ああすれば、こうなる」という具合に単線的、一直線には進行しない。

じつはこの書評を書くのは、難儀だった。自分で選んだのだから仕方がないが、内容を紹介しようにも、話が単線にならない。著者の主題が書き方と一致している。つまり形式と内容がともに網の目構造をしているので、まとめて紹介しづらいこと、この上ない。読んでいただけば、各部分はすらすらと楽に読めるはずだが、まとめようとすると、手のひらから逃げてしまう。

さらに思う。近代社会は単線的な論理構造で処理できることは、おおむね処理してしまったのではないか。それでは処理できないことが「問題」として浮上している。人の社会なら戦争、自然が対象なら環境問題。ところが持ち合わせている論理が単線でしかない。それ以外に「語り」の方法がない。言語はもちろん単線である。本書を読みながら、しみじみとそれを感じてしまうことになった。（2023年4月15日）

自然史研究の見えざる価値

『台湾動物記　知られざる哺乳類の世界』
押田龍夫著（東京大学出版会）

台湾というと、最近では台湾有事に言及されることが多い。本書はそうした広義の人事とは無関係で、台湾の哺乳類に関する知見をまとめたものである。著者は滑空性リス類、とくにムササビが専門で、台湾の大学に奉職するところから職業生活を始めたという珍しい経歴の持ち主である。

鎌倉市の私の自宅の庭には、連日いわゆるタイワンリス（クリハラリス）がやってくる。これは外来種で、おそらく台湾南部に由来するのではないかと著者は記す。台湾では腹部の色に地域的に変異があるから、それでわかる。

著者は大学生のときからムササビに関心を持ち、東京都の高尾山で研究調査を行ってきた。そのため薬王院の縁の下に泊まり込んでいたというから、筋金入りである。著者はいまの若者に自分の真似《まね》をしてはいけないと注記する。

動物との付き合いは全身的なものである。そこには理性だけではなく、身体が伴う。著者自身はムササビといわば全身で付き合ってきた。理性を超えた「共鳴」がそこに生じる瞬間がある。言葉を持たない動物を理解するには、それしかないはずである。現代は理性的、意識的な時代であり、すべてを意識化し、身体が消える。

台湾はほぼ九州程度の面積で、棲息《せいそく》するチョウの種数は四百種、日本全土で二百八十種と言われるから、これだけでも台湾の生物相の豊かさが推測できるであろう。本書は全体として四章を分けている。前半の一、二章は台湾と著者の関係から始まり、総論的な台湾の自然史を記す。

「台湾誕生の正確な年代は現在のところまだわかっていないが、(中略) およそ一〇〇〇万年前から五〇〇万年前の間であると考えられている。数十億年という地球の歴史の中にあって非常に若い島の一つであることは確かなようだ。フィリピン海プレートがユーラシアプレートに衝突した際、ユーラシアプレートが部分的に押し上げられた結果、海底より顔を出したのが台湾という島なのである」

台湾に生息する哺乳類は八十種以上、日本には約百二十種、これはチョウの場合とずいぶん違う。大型の動物は行動半径が広く、小さい島では個体数を維持できないことが関係しているはずである。

三章からは台湾の哺乳類の自然史について各論的な紹介となり、「私の専門であり、自身で研究を行ったリス類については多くの頁《ページ》を割くことになる」「最後に紹介する〝鱗甲類〟を除いて、いずれも私がなんらかの形で携わった、あるいは私の研究関係者が実施した研究ばかりである。インターネットが発達し、あらゆる情報をバーチャル的に得ることができるような世界づくりが進んでいる。真偽を判別することすらできない玉石混交の膨大な電子情報が毎日のように時空を超えて飛び交っている。その是非については私にはわからない。しかしながら、少なくとももはや私には追いついていけない世界であることは確かである。そして、最近では追いつくことにとくに興味がないと感じるようになった」。

これが著者の現在の立ち位置である。現代では貴重と言えよう。チャットＧＰＴに代表されるような情報の流通業が脚光を浴びている時代には、自然史研究のようないわば情報に関する第一次産業は、日の当たる場所ではない。

（２０２３年８月19日）

3 歴史と社会

日常から考える

「国家の一手段」生きた父の姿

『陸軍中野学校外伝　蔣介石暗殺命令を受けた男』
伊藤祐靖著（角川春樹事務所）

自衛隊においていわゆる特殊部隊の創設に関わった伊藤祐靖による、父親伊藤均の伝記だが、通常の他者による客観的な記述ではなく、折に触れて父親が息子に語ったであろうエピソードの集積が本書を構成している。副題の「蔣介石暗殺命令を受けた男」がその間の事情をよく語っていると思う。本書の最後に「本書は事実を元にしたフィクションです」という奇妙な但《ただ》し書きが入っている。著者にはすでに『自衛隊失格』（新潮社）、『国のために死ねるか』（文春新書）などの著書がある。

評者の私は昭和十二年生まれ、伊藤均とはちょうど十歳違いである。自分が生まれたころの世間の雰囲気を、いささか特殊な状況ではあるが、生き生きと伝えてくれる語りという意味で、本書を興味深く読んだ。日本の近代社会のこうした局面は戦後を主導したGHQとそれに追従する人たちによってほぼ消されてしまい、今ではほとんど想像すらできなくなっているであろう。現代の若者にとっては異世界の話ではないかと思う。

一言にして言えば、伊藤均は国家の一手段であることに徹した存在である。自己を上位概念の手段化することは、個性尊重を叫ぶ現代ではおよそ理解しにくいのではないかと思う。評者自身はこの伝記を読みながら、米国が日本と戦争をした根源は果たして何かという疑問があらためて浮かんだ。原爆二発を落とすまでに潰したいと米国に思わせたものとはいったいなにか。私は米国人ではないからわからないが、ドナルド・キーンが生きていたら訊《たず》ねてみたいと感じた。同時になぜかポストン・テランの『神は銃弾』（文春文庫）を想起した。

私は政治には関心がないので、著者の立ち位置を政治性ではなく身体性の面から捉えている。個とはまさに身体であり、よくそう思われがちな心ではない。身体を手段化することは決して稀《まれ》なことではなく、すっきりした生き方を生み出す。伊藤均が蔣介石が死ぬまで、銃撃の訓練を怠らなかったという挿話は、その意味でよく理解できる。

評伝を挿話の連続という形で書くことは、著者にとってやや違和感ないし警戒感があるのかもしれない。だから「事実を元にしたフィクション」というヘンな注記をしているのであろう。しかし挿話の連続という書き方は司馬遷『史記列伝』以来のきわめて古典的な方法であり、ある人物の事績を数千年にわたって人々に記憶させるという意味では、唯一無二の形式だと思う。歴史にいわゆる客観性を求めるのは自然科学の影響による一種の悪癖で、Ｅ・Ｈ・カーが言うように「事実事実の大行進」が十九世紀の西欧の歴史学を特徴づけた。息子の描く父親像に客観性がなくて当たり前ではないか。仮にそこに事実に反することがあったとしても、そのこと自体が事実である、というしかないであろう。宇宙に遍在する法則を記述する物理学ですら、論文には著者名を書く。法則自体は著者があってもなくても成り立っている以上、著者名なんて不要なはずである。
伊藤均は終戦間際に軍籍を抹消される。公式のドキュメントを重視するなら、本書という伝記自体が存在できないのである。ヘンな国だなあと読了してあらためて思う。

（2023年12月2日）

冷戦メディアとしてのテレビ開局

『日本テレビとＣＩＡ　発掘された「正力ファイル」』
有馬哲夫著（新潮社）

日本テレビ創設の物語は、正力松太郎という一個人が、柴田秀利というなぜかアメリカの要人たちと太いパイプを持っていた人物を使い、日本テレビという日本最初の民間テレビ放送会社を創設した成功物語として語られてきた。日本テレビは、日本放送こそＮＨＫに半年ほど後れをとるものの、昭和二十八（一九五三）年八月二十八日に東京でテレビ放送を開始した。そして街頭テレビという工夫によって、順調に視聴者を獲得していく。著者はそう書く。しかし、その背景に、なにがあったのか。

著者はワシントンの国立公文書館で、「ＣＩＡ文書正力松太郎ファイル」を見出す。

そこには「正力松太郎による日本へのテレビ導入にアメリカはどう関わっていたか」という著者の問いに対する答えが明瞭に示されていた。それが本書の主題になっている。その答えとは、共産主義の軍事的脅威から日本を守る役割を果たす、日本を中心とする北東アジアから中近東、欧州にいたる、マイクロ波多重通信網の設置をアメリカ側が意図していたということだった。つまりそれは軍事的、戦略的、心理戦的であり、元来の意図は現在のわれわれが当然として考える、娯楽としてのテレビのようなものではなく、冷戦メディアだったのである。アメリカ側でこれに関わっていたのは、具体的にはＣＩＡ局員、ジャパン・ロビー、元戦略情報局員たちだった。こうした面から見れば、日本テレビ創設の物語とは、反共産主義と、アメリカによる戦後日本の心理的再占領の成功物語だった。もちろんマッカーサーに象徴される、具体的な占領が終わった時期だったからである。

話の筋書きは単純である。正力は民間テレビ放送を実現したいと考えており、その話がアメリカ側のマイクロ波網設置計画の動きと一致する。そこで一千万ドルの借款《しゃっかん》という話が動き始める。当時の日本の経済状況、技術状況では、マイクロ波網の早急の実現は不可能だったからである。もちろん日本テレビの開局は、正力の手によってまず始められた。しかし一千万ドルの借款をめぐって、いくつかのグループが絡み、さらに日本国内の政治情勢が絡む。正力は戦犯として公職追放令の対象となっており、その解除も問題だった。マイクロ波網については、通信に利用できることから、電電公社も関係する。軍事的にも利用可能なので、朝鮮戦争に伴う米国からの再軍備要請とも関係していた。それやこれやで、具体的な事情は逆に複雑だった。

正力の計画自体は、当時の吉田内閣のもとで、国会でも問題になる。したがって公に知られていない話ではない。「誰しも日本の主な都市をすべて焼き払い、原爆まで投下した怨敵《おんてき》アメリカに頭を下げて金など借りたくないが、戦争で荒廃してしまってその資金がない以上はしかたがない。アメリカのものに限らず、借款はすべて何らかの形で『ひも付き』なのだから、要はそれが借款をしてまでするほど重要でかつ緊急を要する事業なのかということだ。それに対する正力の答えは、しかり」だった。著者はその判断は誤りでなかったと考える。

その後の社会の動きがそれを示している。時代は冷戦やマイクロ波網を超え、人工衛星時代となり、テレビや通信はあって当然のものになった。同時に残された問題がある。心理的再占領体制は、いわゆる五五年体制として今日まで続いてきた。著者はそれを「親米化、属国化」と呼ぶ。われわれはどこまでその呪縛から逃れているのだろうか。

（２００６年11月12日）

得体の知れぬ悪と戦う

『悪霊の島　上・下』
スティーヴン・キング著、白石朗訳（文藝春秋）

ホラーといえば、いまではスティーヴン・キングである。キングの長編はほぼ毎年出ていて、量だけから見ても、驚くべき語り手というべきであろう。キングについて、いまさら書評するまでもないだろう。そう思う人もあるに違いない。しかし読んだことのない人もあるはずだから、最近作を紹介してみようと思った。とにかく読みやすく、ホラーが嫌いでなかったら、読了までしばらく楽しめることは請合う。

キングの作品には、いくつかの型がある。まずは現代もののホラーで、今回の『悪霊の島』は典型的である。フロリダの小さな島が舞台になっている。交通事故で片手を失い、幻肢がたえず生じてしまう男が、この島に家を借りて住むことになる。他には大きなお屋敷が一軒あるだけといっていい。そこには高齢の女性と、その介護をしている、かつて自殺を図ったために頭痛に悩まされている弁護士が住んでいる。あとは買い物その他、一人暮らしの主人公の手伝いをしてくれるアルバイトの若者、主人公の別れた奥さんと娘二人が登場する。これで主要な登場人物は終わりである。

こうした人里離れた舞台設定は、名作『シャイニング』（文春文庫）と同工である。しかあの場合には、雪に閉ざされた山のホテルだったが、今回は海に囲まれた家。しかも双子の姉妹が端役として登場する。『シャイニング』の映画を見た人は、廊下の端に現れる不気味な双子の姉妹を記憶しているかもしれない。現代を舞台にしたキングのホラーのもう一つの代表作は『ペット・セマタリー』だが、これは死者の生き返りが主題になっている。この作品の最後の光景の不気味さは、ホラーの極というしかない。今回の作品はそれほどは怖くないから、変な話だが、あれよりは安心して読める。キングは自分で作品を書いていて、怖くなって机の前から動けなくなるという作家なのである。

こうした現代ものでは、一種の予知能力、超能力が使われる。これもキングの作品では定型的で、今回も同じである。主人公は島に住んでから、突然絵を描き出す。その絵がじつは予知や超能力の伏線になっている。章のはじめに、主人公の独白として、絵の描き方というメモが記されている。キングには絵に対する強い嗜好《しこう》があるらしく、絵画の世界に入り込んでしまう『ローズ・マダー』という作品もある。絵画はしばしば人を不思議な世界に誘う。その気分をキングはホラー化してしまう。『ローズ・マダー』は実世界と並行する世界、いわゆるパラレル・ワールドものの一つで、これもキングの得意なジャンルである。子どもが主人公になって、現代アメリカと、もう一つの仮想世界を行きつ戻りつする『タリスマン』がその典型である。

今回の作品でも最後には悪霊と戦うことになるわけだが、このときにさまざまな武器が使われる。そこにはファンタジーでよく使われる約束事がある。吸血鬼ならニンニクと銀の弾丸がおなじみだが、今回も銀の銛《もり》が出てくる。こうした怪物もキングの世界にはいろいろあって、おそらく『IT』（文春文庫）がいちばんよく知られているはずである。今回もそうだが、怪物の正体はむろん最後まで明瞭ではない。それで当然なので、正体が知れないから化け物なのである。おかげで何回でも復活してくるから、作品がいつまでも書かれることになる。

ホラーや推理小説を私は楽しみによく読む。アメリカの作家の作品を読むときは、いつでも背後にアメリカ社会を見てしまう。キングの主人公は、ほとんどの場合、得体《えたい》の知れない悪と戦っている。怪物と戦う登場人物の行動を読んでいるうちに、世界中のあちこちで、わけのわからない敵とたえず戦っている米軍の兵士を思ってしまう。軍人は命令だから戦わなければならないが、それにしても相手はなんだかはっきりしない。ヴェトナムでもアフガンでも、それは同じであろう。そう思えば、たえず仮想敵を置かなければいられない現代アメリカ文明を、キングの作品が象徴しているというしかない。でもその背後に、すべてを統括している悪の親玉が本当にいるのだろうか。日本人である私は、そんなもの、いるわけないだろうが、と思ってしまうのだが。

キングは短編を書こうとすると中編になり、中編を書こうとすると長編になってしまうという。だから文体はきわめて饒舌《じょうぜつ》で、これを好まない人もあると思う。こうした細部を理解するには、現代アメリカのテレビや流行に関する知識が必要なことがある。でも実際には読み飛ばせばいい。そうしたところで、全体の理解に大過はない。その意味では、丁寧に書かれた純文学とは違う。日本でキングのようなホラー作家がいないのは、マンガというジャンルがあるからではないかと、私は思っている。日本人なら、ホラーは楳図《うめず》かずおで済ませてしまうのかも知れないのである。

（2009年10月11日）

世間を逆照射する土着運動

『メイド・イン・ジャパンのキリスト教』
マーク・R・マリンズ著、高崎恵訳（トランスビュー）

宗教が近代化とともに衰退するだろうという、ごく一般的な予想は壊れてしまった。どういう形をとるにせよ、宗教は人間の社会からおそらく抜きがたいものなのである。現代の日本をとってみても、宗教を外して社会を論じることはできない。オウム真理教事件、創価学会、靖国問題などを挙げる必要もあるまい。国際的なテロ事件、さらにはそれに対するアメリカの反発ですら、宗教を無関係とするわけには行かない。無宗教を標榜する日本人でも、爆弾で吹き飛ばされたり、誘拐されたり、サリンに出会ったりする可能性はある。それなら宗教は決して他人事ではない。

本書は日本におけるキリスト教の土着問題を扱っている。著者は上智大学教授、米人宣教師の子どもさんで、ある年齢まで日本で育った宗教社会学者である。したがって、こうした主題を扱うにはきわめて適切な人物といえよう。具体的な対象となっているのは、明治以降の日本型のプロテスタント運動、古くは内村鑑三と無教会主義、松村介石と道会、川合信水と基督心宗教団、あるいはその後の「第二波の土着運動」である。こうした土着のキリスト教が、いまなおさまざまな形で運動を続けていることを、本書のおかげで知ることができる。

キリスト教の信者は日本人の一パーセントにも満たないという記述があって、そんなものかと思う。しかしそうしたいわばマイナーな人たちが、どのような考えで、どんな運動を展開してきたか、そうした歴史と実状は、日本の世間を「逆照射」し、世間を考えるよい参考資料となる。日本人は世間にどっぷり漬かってしまうから、世間がそのなかに住む人たちに、暗黙のうちにどのようなルールを課しているか、それに気づかないことが多い。本書の主題がいわば小さく、特殊に見えるにもかかわらず、一般の人が読んで面白いはずだと思うのは、じつはこの点にある。しかも興味本位に面白いというだけではなく、世間というものを、あらためて根本から考えさせられる。

著者はこうしたキリスト教の土着運動を直接に論じるだけではない。本書の後半の三章は「日本人キリスト教徒と死者の世界」「何がキリスト教移植を阻むのか」「日本製キリスト教のとらえ方」と題されており、右に述べた世間の逆照射として、たいへん興味深い解析となっている。キリスト教のような世界宗教は、導入されたそれぞれの土地で、しだいに土着の形をとっていくのが普通である。キリスト教のそもそもの起源からしてもそうなのである。他方、日本におけるキリスト教の導入は古く、宣教の歴史も長い。それにしては信者の数が少ないとは、よくいわれることである。評者自身も、カトリック系の中学・高校を出たこともあり、それがなぜか、年来の疑問だった。素人ながら思っていたことは、キリスト教信者であることが、世間とさまざまな意味で衝突するからだろうということだった。本書の議論はそうした見方を支持する。

さらに興味深い指摘は、韓国におけるキリスト教の普及が、いわば日本政府に抵抗する「対抗イデオロギー」として生じてきたという見方である。韓国のキリスト教信者は四分の一に達するとされており、これがなぜか、年来の私の疑問でもあった。同じ儒教圏であり、言葉や風俗習慣も、本質的に異なる社会ではないはずだからである。しかし著者のいうように解釈してみると、話はきわめてわかりやすい。私が自分でその解釈を思いつくことができなかったというのは、「侵略を反省する」といった言葉がいかに内容空虚かを示している。それは同時に「侵略を反省せよ」と迫る側にも通じることである。

著者の具体的な指摘は、なかなか興味深い。「キリスト教だけを信奉する日本人は依然稀だが、近年大勢の人々が、伝統的な分業体制の中でキリスト教（日本人の好むかたちのキリスト教）の儀礼がひとつの役割を演じることを受けいれはじめている。大正時代（一九一二―一九二六）まで、宗教家は日本の結婚式に関与しなかった。その後、ある程度まで西洋の教会での結婚式をかたどって、神主が司式するようになった。しかし今日、キリスト教会は、日本における宗教間の分業の中で、結婚式という役どころを奪いあう手ごわい競争相手になっている」。あるいは日本の企業が死者に対する宗教的儀礼に関わっていることを指摘していう。「もしも日本ケンタッキー・フライドチキンが、カーネル・サンダースに代わってブロイラーのための感謝祭と供養を行なっているという話がその耳に届いたら、カーネル・サンダースはルイヴィルの墓の中で驚いてひっくり返ってしまうにちがいない」。靖国参拝を大げさに非難するどこかの政府に聞かせたい話だと、私はなんとなく思ったのだが。

（2005年5月22日）

数値化されない幸福

『ブータンにみる開発の概念　若者たちにとっての近代化と伝統文化』
上田晶子著（明石書店）

この本の表題を見ただけで、関係ない、読まない、と思う人も多いかもしれない。ブータンって、そもそもどこにあったたっけ。

そのうえ一種の専門書である。もとをただせば、著者がロンドン大学に提出した学位論文が基礎になっている。そうかといって、つまらないかといえば、さまざまな意味で興味深い。最初の部分は、開発学の解説に近い。そういう学問分野があって、いろいろな議論があることを、私はこの本ではじめて知った。最後の部分はフィールド・ワークで、ブータンに一年間滞在し、若者たちに著者がインタビューした結果をまとめたものである。

ブータンは一九七〇年くらいまで、一種の鎖国状態にあった国である。それが国際社会に開かれるにあたって、文化的なアイデンティティーが大きな問題になったことは、容易に想像がつくであろう。それがなければ、ブータンはチベットの一部でも、インドの一部でもいいことになる。そのブータンに外国文化の影響が強く及んできた。教育と社会制度もそれに伴って大きく変化する。若者たちはそれをどう思っているか。著者は人々の発言を記録することによって、それを具体的に探ろうとする。

西洋化と伝統文化の保存の問題は、むろん他人事ではない。明治維新後の日本がその典型だった。現在の中国もまた、その大波にさらされている。いわゆるグローバリゼイションの後始末は、いまだ日本の日常の政治問題でもある。だから小さいとはいえ、ブータンの社会を吟味することは、学問的にも社会的にも興味ある課題である。著者の目の付けどころはたいへん優れているというべきであろう。

著者も述べているように、ブータンと開発の関係は、国民総生産に対する、国民総幸福量というブータン国王の言葉によく示されている。いまではこれに関する国際会議すらあると聞いた。経済指標で世界を捉えるのは一面的だ。それはだれでもわかっているはずである。金を稼ぐのは生きるためで、それなら生きるとは、どういうことか。ブータンの開発問題は、それを世界に突きつけているといってもいい。

近年、社会学や比較文化など、国際間をまたぐ領域で、若い人たちの優れた業績が目立つ。学位論文が単行本になることも珍しくない。ただそれを一般の人に読んでもらうために、編集者はもう一つ、努力すべきではないか。なんのために編集者がいるのか。

本書でもそうだが、たとえば「ブルデューの理論的枠組みに従って」という表現が頻出する。しかし一般の読者にとって、それは必要がない。どこかに一言、引用すれば済む。本当に本人のものになった「他人の考え」は、すでに本人のものだというしかない。学会という「業界」の習慣などに従う必要はない。その書物の論理性や独創性を判断するのは読者であり、その代表が編集者である。

思えば戦後、われわれはほとんど他者の価値観に依存して生きてきたのではないか。盗作ということで、自分たちが出した賞を引っ込めなければならないという事件があった。盗作もそうだし、それを表彰することもそうだが、話がそこでは宙に浮いている。

ブータンは人口七十万、面積は九州に毛の生えた程度の小国である。その国が新しい価値観を模索していることを見聞きするにつけ、私は母国を思う。比較文化とは、結局は自国の文化を問い質《ただ》すことなのである。

（２００６年６月25日）

音が形に、形が音に

『ハングルの誕生　音《おん》から文字を創る』
野間秀樹著（平凡社新書）

アジアにはさまざまな文字がある。だから私は、平等にどれも学ばない、という始末になってしまった。世の中には学ぶべきことが多いなあ。そう嘆息するしかない。

ハングルがいかに論理的な文字であるか。以前そう教えてくれた友人は、強い熱情を込めてそのことを語った。この本を読みながら、その記憶が蘇《よみがえ》った。著者のハングルに対する思い入れも、並みたいていではない。ハングルという文字は、どうしてか、人を虜《とりこ》にするものらしい。

十五世紀、世宗《セジョン》の時代に創られたのだから、文字としてはいかにも新しい。漢字のように歴史がないから、ある種の神々しさがない。それに表音文字だから、同時に朝鮮語を学ばなければ、字だけ覚えてもしょうがない。なんだか幾何学的な形で、ひらがなに慣れた目には、文字というより記号に見える。

そんなことがあって、ハングルを読む気がしなかった。ところが著者につられて読んでいくと、大変な勉強をしてしまうことになった。ハングルとは、西欧十九世紀の音韻学に匹敵する作業を、室町時代にすでに成し遂げてしまった文字なのである。日本語を「話すように読む」ことができる文字を考えたら、どうだろうか。箸、端、橋、この音の違いを日本語は書き分けられるだろうか。

音韻、音素、音節という話し言葉の基本要素を、ハングルなら「文字として」きちんと形にできる。アルファベットやカナのような、われわれが親しんでいる表音文字は、じつは実際の音の省略形だと、どれだけの人が気づいているだろうか。

漢文ならあるけれども、ふつうに語られる朝鮮語を「書く」ことができない。その悩みから創られたのがハングルである。その際に徹底して「言葉という音」を追究したから、ハングルを使えば、音韻、音素、音節のすべてを「書く」ことが可能になった。著者はそれを「音《おん》をかたちにする」と表現する。この本はそこから説き起こしているから、ハングルの誕生だけではなく、読者はむしろ文字の誕生に思いを寄せることになる。

言葉には形、音、義つまり意味という、三角が成立する。音が形に、形が音に、形と音が意味に通じる。それが現代の言葉の基本である。著者はそこから説き始める。生理的にいうなら、形は目、音は耳だが、もう一つ触覚があって、そこには点字が成立する。じつはその三つからなる三角の上に「義（意味）」が成立する。しかしハングルの誕生なら、とりあえず形・音・義で十分であろう。

ハングルを学ぶには、教科書がいくらもあろう。しかしハングルとはなにものか、それを知るには、本書でなくてはなるまいと思う。本書を通じて、ハングル誕生の歴史、音韻の根拠、なぜあの形なのか、そういった仔細《しさい》を逐一知ることができる。もうちょっと若いときに読めばよかったなあ。

言葉がわからないと、旅行の面白味は半減以下である。海外旅行が盛んになっても、話が通じないのでは、どこまでも日本語の世界を持って歩くことになる。挙句の果てがアメリカ流で、どこにもいるけれど、どこでも嫌われるという結果になる。少しむずかしいかもしれないけれども、若い人、とくに大学生には読んで欲しい書物である。隣国の言葉くらい、気楽に読めるようになりたいものではないか。いまは時間がいくらでもあるはずだし、他にさしてすることもないだろうし。

（２０１０年６月27日）

人生という深い謎

『人類の宗教の歴史　9大潮流の誕生・本質・将来』
フレデリック・ルノワール著、今枝由郎訳（トランスビュー）

表題に「人類の宗教」と書かれていることの意味は、べつにサルやネコの宗教があるからというわけではない。特定集団の信仰史ではなく、人類に一般的な宗教というもの、その歴史という意味である。すなわち世界の宗教全体をむしろ一つのものとして通観した歴史であり、だから副題には「9大潮流の誕生・本質・将来」とある。

本書は二部構成になっている。第Ⅰ部は第五章までで、宗教の起源を考える。第Ⅱ部は第十四章までで、「救いへの主要な道」と題して、よく知られた代表的な宗教をそれぞれの章で扱う。すなわち各宗教が「9大潮流」として同じ重さでまとめられている。最後に一章分の短い結論があり、宗教の現代と未来が論じられる。「科学知識の瞠目《どうもく》するような進歩にもかかわらず、人生は依然として深い謎である」という結語で終わる。

著者は一九六二年生まれ、フランスの新しい宗教家とでもいうべきか。『ル・モンド』の宗教専門誌『宗教の世界』の編集長。多くの著書があり、二つの邦訳がすでにある。なかなか興味深い人物で、こうした本を書くことでもわかるように、東洋思想とくに仏教にも造詣が深い。自身がカトリックであることについては、若いときにたまたま修道院にこもって執筆をしていたときの宗教体験をインタビューで語っている。こうした人でないと宗教に強い関心を持てないであろう。それと同時に、さまざまな宗教を俯瞰《ふかん》できる力業を持つのはたいへんなことだと思う。ついわれわれは、宗教とは一つの道に深く入っていくことだと思ってしまうからである。著者の態度には、よい意味での西洋文明の普遍性への志向を読み取ることができる。

第I部の宗教の起源は、文字で書かれた歴史以前のことになる。だから第一章は考古学的な考察である。具体的には埋葬儀礼、洞窟絵画が典型である。第二章は「神が女性であった時代」。わが国でも縄文のヴィーナスならなじみが深いであろう。これが「雄牛との結合」となるのは、生殖の神秘を意味している。さらにそこから祖先祭祀《さいし》となる。第三章が「都市の神々」、第四章が「世界の神々」続いて第五章が「人類の枢軸転換期」である。章の題名を記したのは、著者の論述の筋道がよく示されているからである。最後の章の題名はヤスパースの議論から取られており、紀元前七世紀から同五世紀の間を指している。中国、インド、西洋で、この間に人類史上で似たようなことが同時に起こる。宗教史でいうなら個人の救済という概念の発生である。そこから今日われわれが「救済の宗教」と呼ぶものがはじめて生まれる。以下の章はその各論となる。

第六章は「中国の叡智《えいち》」で、道教と儒教を扱う。続いてヒンドゥー教、仏教、ギリシャの叡智、ゾロアスター教、ユダヤ教、キリスト教、イスラム教、生き続けるアニミズムという章が続く。つまりこの部分はそれぞれの宗教の歴史についての各論である。たがいの有機的関連が薄いのは、事柄の性質上、やむをえないのかもしれない。ただしそれぞれの項目に関心のある人にとっては、興味のある記述が見られるはずである。

人は自分自身を自然と身体から切り離し、すべてに回答を与える、単なる脳となってしまったことに気づいていない。しかもそれが全世界に幸福をもたらすと信じ込んでいる。それはほとんど現代のマンガだ。著者はそう語っている。世界には似たようなことを考える人がいるものだと、私は思う。私自身は宗教家ではない。しかし宗教に関心を持つのは、こういう人がいるからである。　（2012年3月4日）

自殺の多い社会とは

『豊かさのなかの自殺』
C・ボードロ、R・エスタブレ著、山下雅之ほか訳（藤原書店）

自殺に関する書物は二つに大別される。一つは精神医学・心理学に基づき、もう一つは社会学に基づく。本書は後者の典型といっていいと思う。その範例になっているのは、十九世紀末に書かれたエミール・デュルケームの『自殺論』である。著者たちはデュルケームと同じフランス人で、その文化的伝統を継ぐものであろう。

デュルケームは十九世紀の欧州諸国では、経済的な豊かさが進むとともに、自殺が増加することを、統計的に明瞭に示した。本書はそこから説き起こす。現在の世界でも、横軸に一人当たりＧＤＰ（国内総生産）をとり、縦軸に自殺率をとると、右肩上がりの回帰直線が描かれる。日本はその右端近くに位置し、日本より右よりになるのは、一人当たりGDPがより高いスイスだけである。たしかに豊かさには自殺を生み出す傾向があるらしい。

それならデュルケームが述べたように「貧困が人々を自殺から守る」のであろうか。それは違う。著者たちはそう結論する。じつは経済的に豊かな国で自殺率が最高になるのは「中心部や都市部ではなく、最も貧困な都市周辺部において」なのである。米英仏、日本などのデータがそれを示している。それならいわゆる「格差の増大」が自殺の増加を引き起こしたのではないか。この仮説はデータによって明らかに否定される。現代の「豊かな」社会では、むしろ社会内部の格差は縮小する傾向にある。さらに世界的に貧困な国では自殺が少ないが、格差はきわめて大きいのが常である。

本書の第二章以下で、順次この問題のより詳細な解析が示される。十九世紀の欧州ではたしかに豊かさの増大と自殺率の増加には、みごとな相関関係があった。しかし二十世紀に入った頃から、事情が異なってくる。むしろ自殺率は横ばいの傾向になってくるのである。とくに大都市では自殺率が下がる。十九世紀には自殺は大都市の現象であり、田舎は安定していた。それが逆転するのである。

自殺率の変動について考慮すべき事柄は、むろん経済だけではない。まず戦争は例外なく社会の自殺率を低下させる。出生率が高いほど、自殺率は下がる。高齢化するほど、自殺率は高くなる。本書の中ほどは、そうした現象の解析に当てられる。それぞれについて検討すべきことがたくさんある。たとえば高齢化と自殺の関係について、著者たちは日本の例を取り上げている。一九五〇年と一九九五年の日本での男女それぞれの年齢別自殺率がグラフで示される。一九五〇年では若者の自殺が多く、さらに六十代以降の自殺は強い右肩上がりとなる。しかし一九九五年ではそれがはるかに平坦化し、軽い右肩上がりを示すのみとなる。他方、九五年と二〇〇〇年を比較するなら、とくに男性で後者の自殺率はほぼ各年齢層を通じて高くなった。この傾向がなかなか止まらないことはご存じの通りか。

自殺の国際比較もさまざまな示唆を与える。最初のGDPと自殺率の関係では、旧ソヴィエト圏諸国がＧＤＰが低いにもかかわらず、自殺率は異常に高い。グラフ上では特異なブロックをなしていることが一目でわかる。また男性の自殺率が女性の数倍高くなるのが一般だが、中国では男女の自殺率がほぼ等しい。これは女性のいわば抗議自殺に基づく。お嫁さんが大変なのは、過去の日本に限らない。

評者は医学系の出身なので、自殺を著者たちのいう「身体パラダイム」から見る習慣がある。たとえば自殺の原因をうつ病のような身体的基盤に求めようとする。本書のような社会的な取り扱いは、そうした個人からの見地と相補的なものである。いわば顕微鏡による見方と、患者さんを全体として診る見方の違いといってもいい。本書から評者が学んだことの一つは、日本はけして特異的に自殺が多い国ではない、ということだった。むしろ自殺という点では、当たり前の、国際的には「常識的」な国といってもいい。端的にいえば、一人当たりのＧＤＰがこれだけ高いと、このくらい自殺が多くなるのだという典型なのである。それでも旧ソヴィエト圏に比較したらはるかに少ない。

自殺にはまず個人的要因があり、そのあとに環境要因のような二次的な要因が来る。年齢や「自殺は月曜日に多い」といった時期の問題は、三次的な要因となる。著者たちはそう指摘する。現在、いじめと自殺の話題が大きく取り上げられている。いじめられるから自殺するとは限らないという主張は一次要因を指しているが、話題の多くは二次要因に集中しているように思われる。自殺は複雑な問題であり、議論は単純ではない。だから訳者が「あとがき」に書いているように、多くの人に読んでもらいたい書物として本書を推薦したい。ただしそれなら日本語としての読み易さには、まだ改良の余地があると感じられる。読者代表としての編集者の努力に期待したい。日本語として読みにくい部分を指摘するのは、編集者の重要な仕事の一つだと信じる。

（2012年7月29日）

ウェブと米国

『ウェブ文明論』
池田純一著（新潮選書）

これはウェブを創りだし、さらにそれを最大限に利用することで、いまも変化しつつある米国社会論である。良かれ悪《あ》しかれ、日本にとって縁の切れない米国という存在を、ウェブという面から見たらどうなのか。興味深い論考になるはずである。

本書は文芸誌『新潮』に三年にわたって連載された「アメリカスケッチ2・0」をまとめている。司馬遼太郎の『アメリカ素描』から書き始め、スケッチという表現は村上春樹の『回転木馬のデッド・ヒート』から採ったという。「フィクションとノンフィクションの中間存在」をスケッチと表現する村上の用語が「事実の記録とその価値評価が基本的に混在するウェブ時代のテキスト」にふさわしいと著者はいう。しかし全体の記述は事実のほうに寄り添う。文芸誌での連載が著者にこうした表現をとらせたのかもしれない。「2・0」はウェブ2・0を踏まえている。

全体は四部に分かれる。第一部は広いアメリカの地理的多様性を示すために、具体的に以下のような都市を扱う。西洋文明の後継者としての意識を露《あら》わにするワシントン、あらゆる意味での交易都市としてのニューヨーク、経済や技術の面で発展しつつあるヒューストン、というふうな具合である。

それがウェブとどう関係するのか。第一部の総論で著者はいう。そこを通底するものとしてたとえば法がある。米国が弁護士だらけだということは周知であろう。「アメリカの法文化とソフトウェア文化はどこかで基盤を共有している」。「今日のウェブのリンク構造は法律文書を整備する文化の中から生まれたものではないかと思えてしまう」。こうした著者の指摘は鋭い。

第二部の主題は経済と企業、あるいは起業といっていい。公共のための支出は、もっぱら政府がする。そういう常識の日本では、寄付といえばお祭りの寄付くらいだが、米国はいわば寄付社会である。子ども時代からファンドレイジング、つまり金の集め方を教わっていく。だからウェブ上で資金集めをするクラウドファンディングもある。

第三部は「メディアと歴史」と題されている。しかしかならずしもその字面から予想されるような内容ではない。自然史博物館の項まで含まれているからである。博物学とウェブはきわめて相性がいい。関係者はそれをよく知っている。ウェブのおかげで、博物学には革命的な変化が起こりつつある。こういう項が含まれていることは、著者の目配りの良さを示している。

第四部は「政治とコミュニケーション」である。たとえばオバマの選挙戦にウェブがどのような重要な役割を果たしたか、私のような政治音痴が読んでも興味深い面がある。なにしろ現在進行形に近い話題だからである。現在の米国社会で、ウェブが果たしている役割がいちばんはっきり見えている局面かもしれない。

読了して思う。ウェブ文明論がウェブでなく、文芸誌の連載、さらには単行本となっているのは、どういうことか。将来こうした論考がもっぱらウェブに変わるだろうか。

これを時代の移り変わりの一時期と捉える人もあろう。むしろこうした二重性こそ、豊かな文化だと思う人もあるかもしれない。ともあれただいま現在、生きて動いている巨大社会を捉えようとする著者の試みは、事の成否に関わりなく評価できる。まさにこの作業自体がいささかアメリカ的だ、というべきであろうか。

（2013年7月7日）

ウソだろうが本当だろうが

『捏造の科学者　ＳＴＡＰ細胞事件』
須田桃子著（文藝春秋）

すでに大きく報道された事件について、あれこれ考えるのは気が乗らない。大勢の人が関心を持っているのだから、お任せすればいいので、私まで参加する必要もあるまい。生来のへそ曲がりだから、そう思っていた。

ところが本書を読みだしたら、息がつけない。あっという間に読み終えてしまった。科学にゆかりのある人なら、多かれ少なかれ身に覚えのある出来事だからである。著者は毎日新聞の科学環境部の記者で、いわゆるＳＴＡＰ細胞について最初の記者発表から報道を続けてきた。ということは最初は大発見だと報じているわけである。その大発見が時間の経過とともに次第に崩れ、最後には「捏造《ねつぞう》」というしかなくなってしまう。その足跡を克明にたどっている。

なぜ「大発見」が「捏造」になってしまったのか。著者はそれを追求しようと思う。そう思うのはいわば当然で、本書が成立した動機はごくわかりやすい。だから読みやすく、著者の熱意がそのまま伝わってくる。臨場感が強い、といってもいい。

タイトルは「捏造の科学者」で、三人の中心人物の写真がカバーになっている。まあこれがつまりジャーナリズムで、表紙しか見ない人は、この三人が共謀して「捏造」したのだな、と思うかもしれない。中身を読んでみれば、話はそう単純ではないとわかるはずである。

この分野は発生工学とも呼ばれ、ほぼ四十年前イギリスのガードン、ブリッグス、キングの共著によるカエルのクローンの生成が最初だった。それが山中伸弥・京大教授のｉＰＳ細胞にまで至り、ガードンと山中が二〇一二年にノーベル賞を受賞することになった。ｉＰＳ細胞は再生医療に使える可能性が高いということから近年注目を集め、それが事件の大きな背景となっている。

事件の発端は理化学研究所の発生・再生科学総合研究センター（ＣＤＢ）で、小保方晴子・研究ユニットリーダー、笹井芳樹・ＣＤＢ副センター長、若山照彦・山梨大教授の三人による記者発表である。「体細胞の分化状態の記憶を消去し初期化する原理を発見――細胞外刺激による細胞ストレスが高効率に万能細胞を誘導――」というタイトルだった。細胞外刺激とは酸性溶液で、まあオレンジジュースみたいなもの、と紹介された。万能細胞とは、これからさまざまな種類の細胞に分化する能力を持つ細胞という意味である。受精卵はもとより、ｉＰＳ細胞、ＥＳ細胞などが知られている。オレンジジュースみたいな刺激でできた、今度の細胞は、ＳＴＡＰ細胞と名付けられた。

記者発表のタイトルを見ただけで、これはジャーナリズムだな、と老人の私は思う。いわば哲学的にいうなら、生物は元来歴史的存在であり、「記憶の消去」はできない。記憶を完全に消去したら細胞自体が消える。いいたいことはわかるが、これは実験家の夢である。初期化とはまさに工学の発想であり、生物学ではない。

通読して思う。科学者は夢を追うし、それでいい。でもその裏付けはいわゆる事実である。そこでは科学とジャーナリズムは、いわば方法論が同じである。どちらも「事実」を追う。しかし事実だけを述べても、科学にもならず報道にもならない。なぜ著者がこの主題を徹底的に追うのか、それでわかるであろう。同じ昨年に生じたもう一つの事件、朝日新聞の誤報事件を考えればいい。

伝えるべき事実の発見に努力を傾注するか、ウソだろうが本当だろうが、人々が聞きたがることの伝達に励むか。一日中人々がスマホを見ている世界では後者の重みが増す。それが情報化社会で、とりあえずそれを銘記しておくしかないであろう。

（2015年1月25日）

残されたものの行為

『無葬社会　彷徨う遺体　変わる仏教』
鵜飼秀徳著（日経ＢＰ社）

高齢化社会が進行し、当たり前だが、死亡者の数が増え続けている。現在年間約百三十万人、今後二十五年は増え続けるという。それと同時に、葬儀の形式に急速に変化が起こっている。葬儀の簡略化である。葬式をせず、いきなり火葬場に直行する直葬が三分の一に達し、直葬では最小限の親族だけが火葬場に行き、故人の骨を拾って帰る。さらに従来密葬と呼ばれた家族葬をこれに加えると、現在では葬儀の過半数に達する。

本書はその状況を全国的に調査し、葬儀になにが起こっているのか、それを考えようとする。著者は日経ＢＰ社の記者であると同時に、僧侶でもある。前著『寺院消滅』（日経ＢＰ社）は、表題からも想像がつくように、現代のお寺の危機を扱ったものである。

今年になって私も九十三歳の義兄を送った。家族葬で、義兄の家の菩提《ぼだい》寺から僧侶を呼び、参列者は娘一人、娘婿が二人、孫が数人、九十一歳の姉が独り残された。普通の葬儀をすれば、おそらく姉が体力的に耐えられなかったであろう。生前から親しかった私の友人を呼ぼうかと姉に訊《き》いてみたが、断られた。姉の様子を見て、それも無理もないなあと感じた。

変化は葬儀だけに起こっているのではない。埋葬も変わってきている。都会では宗派を問わず、万の桁に達する多数の遺骨を収納する、ロッカー式のビル内墓地が出現している。さらに散骨があり、樹木葬もある。散骨には地上の場合と、海洋の場合がある。著者はそれぞれについて、具体例を丁寧に紹介する。たとえば島根県海士町《あまちょう》のカズラ島は散骨の島として知られ、散骨される人の割合は、首都圏在住者が十、島根県民が六になるという。

死者の増加に伴い、大都市では火葬場の不足も生じている。十日間も待たされる場合があるという。火葬待ちだけではなく、家庭に遺体を安置する場所がない、あるいは置きたくないということで、遺体ホテルが作られる。その種の需要が増えているのである。

本書の最後の部分は花園大学教授、佐々木閑《しずか》氏との対談「仏教存在の意義」である。原始仏教の教義から説き起こし、日本仏教の特殊性、さらに現代の状況を論じる。葬式仏教といわれるほどに、日本仏教は葬儀に深くかかわってきた。葬儀の変化と、その未来を語るには、仏教の本来を吟味するべきだという考えからであろう。

私はブータンやラオスをしばしば訪問する。かの地の仏教は、同じ仏教と呼ばれるにせよ、日本仏教とはずいぶん違う。遺体は火葬され、墓はない。無墓制である。家の墓を置くのは、祖先崇拝が関係しており、儒教だという考えもある。

葬儀の変化は社会の変化に伴って必然的に生じている。死者は基本的に抗議をしないので、葬儀とは残されたものの行為である。そのことを銘記し、あらためて死者に思いを馳《は》せるべきであろう。理想的な形があらかじめ定まっているわけではない。葬儀をその都度考えなければならない。残されたものの人生観、世界観が問われる。そういう時代に入ったというべきか。

巻末には出生数、死亡数をはじめとして、葬儀や埋葬に関する調査結果を図表として示している。読者にとって、ありがたい。ただし図表が小さく、やや見にくい。読者が高齢者を含むはずだと考えると、ここはもう一つ、工夫があってよかったのではないか。少なくとも八十歳の私には見づらいというのが正直なところである。

（2017年2月5日）

蔓延するAI思考

『あなたを支配し、社会を破壊する、AI・ビッグデータの罠』
キャシー・オニール著、久保尚子訳（インターシフト）

このタイトルだけを見ると、いささか扇情的な、怪しげな本に見えるかもしれない。かといって、このタイトルが嘘だというわけでもない。内容を読めばわかるが、じつは案外地味な、まともな本である。

原題はブッシュ政権時代の大量破壊兵器ウェポンズ・オブ・マスデストラクションをもじったもので、マスつまり「大量」が算数マスマティクスのマスになっている。イラクの大量破壊兵器の所有が嘘の話だったことをご記憶の方は多いであろう。その意味で、この原題はじつは両刃《もろは》の剣である。そこまでうがって考える人は少ないであろうが。

そもそも著者は女性で、数学者であり、最初は素数論の大学教授で、その次に「ヘッジファンド業界のハーバード」として知られるD・E・ショーに迎え入れられる。在職中にリーマン・ショックに見舞われ、その過程で著者は専門とする数学の使われ方について、強い危機感を抱くようになる。

「新しい仕事を始めたころは、まさか自分が最前列の席で金融危機を目の当たりにすることになるとは、思ってもみなかった。そこで目にした身の毛もよだつような恐ろしい現実は、数学がいかに狡猾《こうかつ》に、いかに破壊的になりえるかを教えてくれた。私が数学破壊兵器の威力を至近距離で目撃したのは、このときが初めてだった」

そこでヘッジファンドを辞め、さらに転職をし、データサイエンティストとして大手で働く。「ビッグデータ空間で2年ほど働き、学ぶうちに、私はすっかり幻滅し、目を覚ました。そのあいだにも、数学の乱用は加速されていた」。

最初の章はモデルの説明である。モデルは実際のできごとを頭の中で整理再現するやり方である。これをきちんとした手続きでやれば、コンピューター化することができる。この手続きをアルゴリズムと呼ぶ。著者は具体的に、第一に、選手に関するデータから野球チームの監督が考えること、第二に、主婦としての自分が毎日の献立を考えること、第三に悪い例として、ワシントン特別区で実際に行われた、能力の低い教師を排除するための教師評価システムを説明する。最初の結論はこうである。数学破壊兵器となり得るシステムの三大要素とは「不透明であること、規模拡大が可能であること、有害であること」。

第二章以降は、社会のさまざまな局面での数学破壊兵器の使用について語る。データビジネス、大学ランキング評価、オンライン広告、犯罪、求職者に対する適性検査、職場の支配、信用度の格付け、個人の行動や健康、そして最後の章が民主主義すなわち政治である。このいずれの部門でも、数学破壊兵器の威力が急速に増しつつある。

時に言われることだが、「コンピューターに（データとして）クズを入れると、クズしか出てこない」。コンピューターはデータから優れた結論を出すようには作られていない。ただし、ロボットや機械を扱うなら、話は別である可能性がある。こうした機械は生きものではないし、はじめから人が理屈で設計している。そうしたシステムではコンピューターがヒトより優れた答えを生むことはあり得る。ヒトは機械ではないし、面倒くさい計算は苦手だからである。

この本を読んで気が付いた。アメリカは理性的に社会を構築するしかない。移民の国だからである。各家に神棚を置けなどという議論はできない。そこで計算機的思考が蔓延《まんえん》するのは当然ではないか。

（２０１８年７月22日）

辺縁から現代を描く

『大英自然史博物館　珍鳥標本盗難事件　なぜ美しい羽は狙われたのか』
カーク・ウォレス・ジョンソン著、矢野真千子訳（化学同人）

十六文字も漢字が並んだ表題は珍しい。博物館から珍鳥の標本が盗まれるという、珍しい事件にふさわしいというべきか。原題は単純に「羽毛泥棒」である。

二〇〇九年六月、ロンドン郊外トリングにある大英自然史博物館の分館から、二百九十九体の鳥の標本が盗まれた。犯人はアメリカ生まれ、ロンドン王立音楽院でフルートを学ぶ学生、エドウィン・リストである。まだ二十歳になっていなかったはずである。

著者はこの事件に強い関心を抱いた。米軍撤退後のイラクで、米国に移住や亡命を希望する人たちの世話をする仕事に疲れて、フライ・フィッシング、つまり渓流釣りを始めたからである。釣りはストレスの解消に非常に良かった。そのときのガイドから毛針のことを学んだ。

フライ、すなわち毛針は、じつに凝ったものである。日本では渓流に住む虫に似せたものも多い。しかし十九世紀の英国では、鳥の羽毛を利用した。これがなんとも美しい。ほとんど芸術品、細工物である。そのためにとくに美しい鳥の羽を使った。どのようなものか、説明してもムダであろう。本書には写真が入っているから、それを見れば一目でわかる。エドウィンは子どもの頃から毛針に魅入られ、毛針作りの才能を発揮し、愛好者から将来を嘱望されていた。

エドウィンはトリングの博物館の窓ガラスを破って侵入し、標本はスーツケースに入れて持ち去った。フウチョウやヒヨクドリのような美しい羽の鳥である。フウチョウは極楽鳥という一般名で知られている。こうした鳥の羽の一部が毛針に使われる。その部分だけを取って、愛好家に売ることもできる。数万円から数十万円の値段が付く。

盗難の発見はやや遅れたが、エドウィンは逮捕され、一切を自供する。ただし盗品の一部はすでに手が付けられ、ラベルが外されていた。無傷で戻ったのは一〇二点だった。エドウィンは裁判にかけられるが、アスペルガー症候群だという弁護側の主張が認められ、執行猶予付きの判決となった。

以上は事件の筋書きである。しかし本書はそれだけを述べているわけではない。まず歴史的な背景がある。毛針の歴史を詳しく知らないと、なぜ特定の鳥の羽だけが珍重されるのか、それがわからない。さらにそのまた背景には、羽が商業的に一般に出回った、大英帝国最盛期の社会状況がある。一羽の鳥全体を帽子にするというファッションまで生じ、一部の鳥の羽毛は金と似た価格がついた。

トリングの博物館分館は、ウォルター・ロスチャイルドの個人的な博物館だった。ウォルターの死後、自然史博物館に寄贈された。ウォルターは蝶《ちょう》の蒐集《しゅうしゅう》で著名で、標本はいまでは自然史博物館の本館に移され、トリングは鳥類部門になっている。いったい博物学の標本を保存する意味はどこにあるのか。取材の過程で著者はその議論にも出会う。

人はさまざまな自然物に強い関心を抱く。私は虫が好きだから、それはよくわかる。毛針の場合には、それが芸術作品や工芸品への情熱とも結びつく。さらにそれが経済や法律という、社会の約束事と関わり合う結果となる。博物館の鳥の標本を盗むというのは、ふつうの人の生活とは無関係な、いわば社会の辺縁の出来事であろう。それを描くことによって、著者は歴史を含めて、現代社会のあり方を逆照射していく。そこがじつに興味深いのである。

（2019年9月8日）

ビッグ・データの逆を行く

『道徳教室　いい人じゃなきゃダメですか』
高橋秀実著（ポプラ社）

著者髙橋秀実《ひでみね》は優れたノンフィクション作家である。現代日本社会のさまざまな局面について、その実情を伝える。今回は小学校の道徳教育が主題である。しかし、それが将棋倒しのように次々に発展して、政治家の発言、ハラスメント、スマホ、ロボット、エコバッグなどに及ぶ。話がつながっていないようで、じつは現代日本社会のあり方が、道徳の教科書で教えられる表現に直結していることを知らされる。

著者の既刊作品は多く、『からくり民主主義』は基地や原発の町の実情を捉えた名作であった。『ご先祖様はどちら様』は第十回小林秀雄賞を受賞している。今回もそれらに劣らぬ優れた作品で、現代日本の道徳的思想（そんなものがあるとすれば）の淵源《えんげん》を解明する。

著者の文章は平易で、語り口は軽妙、道徳という主題から想像されるかもしれない堅い論調はまったくない。今回なぜ道徳を主題として取り上げたかについて、著者は「あとがき」で妻に勧められたから、とサラリと記す。これは大変よくわかる動機で、私も文筆業という似た立場なので、家内の方面から持ち込まれた仕事の依頼は断じて断らない。理由はあえて言うまでもないであろう。国際政治に限らず、憲法第九条を引用するまでもなく、平和こそが日常生活を維持する上において、もっとも大切なものだからである。

冒頭の「1限目」から「3限目」は小学校の道徳教科書の内容から基本的な要素を抽出する。著者はそれらを読むだけではない。道徳の授業参観までする。さらに道徳という科目について、子どもたちと専門家の意見を聞く。

子どもたちは道徳の授業を嫌っていない。たかだか「ふつう」だという。おそらく通常の科目と違って、達成度のようなものが想定されていないからだと思われる。

私は小学校二年生で終戦だったから、それまであった修身という科目が消え、その後はカトリックのイエズス会経営の中学高校で「社会倫理」という科目を教わった。にもかかわらず、いまだに倫理と道徳の区別もつかない。ちなみに本書には倫理という単語は出てこない。

「5限目」は政治家並びに自民党を対象としており、「耳障りな発言」という項で感心したのは、「菅義偉内閣総理大臣（当時）の話を聞くと、なぜこんなにイライラするのか」の分析だった。著者は前総理の発言には「を」が多いと指摘する。「決定いたしました」と言えばいいところを「決定をいたしました」と言う。後者では「だれが？」という疑問が当然残るわけで、聞き手にすっきりしない気持ちが残って、ついイライラするわけである。総理の発言となると、だれでもその内容を重視するから、もっぱら内容を捉えようとする。しかし発言は内容を載せる形式であって、その形式が壊れていると、不快に感じるのである。これは理屈ではなく感覚の問題だから、論理による説明ではなく、同意を求めるしかない。

さらに自民党の綱領や党歌まで引用される。それでわかることは、自民党はまさに道徳という科目で教えられる原則ほぼそのままの党是を持つ政党だということである。自民党が長期政権を維持しているのは、それが日本そのものだから、と考えざるを得なくなる。この章は「カチカチなファンタジー」と題されているが、その正確な意味については本書を読んでいただくしかない。

私は髙橋秀実の諸著作を日本独自の社会学と考えている。ある社会を論じようとするなら、その議論の立脚点はどこかという問題が生じる。日本ではそれを欧米に置くのが通例だったと思う。それを避けるには、二つしか方法がない。一つは人類に普遍的な独立の立場を探すことで、それは身体つまり脳だろうというのが私の最初の思い付きだった。しかし、最近の脳科学の結果では一般的な解答が出るのではなく、脳の働きは個人によってさまざまだという当然の?結果になりつつある。もう一つは日本を日本という立場から論じるもので、本居宣長《もとおりのりなが》がそうであったように、髙橋秀実の作品は基本的にそれに近いものだと思う。

本書は最後に「みんな」と「いい人」という鍵言葉に集中していく。その視点からＮＨＫや小室眞子さんの話が好例として取り上げられる。日本の現代社会を日本語という唯一の方法を用いて、丁寧に解析していく。これが髙橋秀実流の日本社会学である。

髙橋流が「学問」なり「科学」と見なされないとすれば、既成の客観的方法論に従っていないと見られる面が大きいからであろう。インタビューの結果は文章で記され、対象の選定は恣意《しい》的というしかない。いわゆるビッグ・データの逆を行くわけである。しかし、その既成の客観性なるもの自体が日本の外部からもたらされたものであるとするなら、髙橋流の解析はそれとして大きな意味と価値があるといえよう。現にわれわれ自身が住んでいる社会の基本を、われわれ自身が把握する方法を見つけて、その合意の上で議論を進めていくしかないと私は思う。

（２０２２年５月14日）

復旧ではなく「復興」を

『震災復興はどう引き継がれたか　関東大震災・昭和三陸津波・東日本大震災』
北原糸子著（藤原書店）

本文だけで五百ページに達しようという分厚い本で、いわゆる読みものではなく写真や図表を多く含む資料集といってもいい。記述自体も淡々としており、著者の私見、感慨の類はほとんど記されない。

なぜこうした本を紹介したかというと、このところ自分の関心が天災に向いているからというだけのことで、折しもトルコからシリアにかけて大地震があり、死者は五万人を超えたと報道されている。その被害からの復興もまさにこの本の主題と重なるわけで、しかも類似の天災はわが国ではいわば普通のことである。二〇二三年は関東大震災からちょうど百年、次の震災がいつ起きても不思議ではないとされる。トルコの地震を他人事とは思わず、自分のこととしてあらためて考えてみようと思った。

本書は三部構成になっており、第Ⅰ部は関東大震災、昭和三陸津波、東日本大震災を繋いで、行政の対応を追う。第Ⅱ部は十二年前に刊行された『関東大震災の社会史』の再版となっている。その主題は震災に遭った東京圏から日本の各地への避難民の動向である。被災者自身の手記なども引用されており、当時の状況が生き生きとよみがえる感がある。第Ⅲ部は「関東大震災・資料篇」と題され、「関東大震災における避難者の動向」を東京都慰霊堂に納められた震災死亡者調査票の分析を通じて調査したものである。

第Ⅱ部を再版した理由は、「被災地を逃れた避難者を各地の公文書から徹底して追った旧版は、それまでの関東大震災関係のなかでは類書のない視点であったから、今後の大災害への警告の意味も込めて、再版する意義があると考えた」とする。二〇三八年ごろには南海トラフの地震が専門家により想定されており、著者の警告には相当の根拠があると考えてよい。

そうした状況を考慮すると、本書では触れられていないが、次の大災害の後にどのような日本社会を構築するかについて、あらかじめ国民の大きな同意が存在していることが大切だと考えられる。災害以降の復興を、復旧つまり災害以前の状態に戻すとすべきか、復興つまり新たな社会を構築するとすべきかは、確固とした未来社会の像が存在するか否かにかかっている。災害以前にただ戻すのではなく、まったく新しい社会を構築する「復興」を目指す意欲が国民にあるかが問われる。

現代の日本社会はかなり固定した価値観でほとんど無意識に縛られているように思われ、若い世代もその例外ではない。少子高齢化が災厄のように見なされていることは、その好例であろう。少子高齢化は意図されたことではなく、いわば自然現象と見ることができるが、それを単に災難と解釈するのは気分の問題に過ぎない。全体としてみるならば、少子高齢化から人口減少に至る社会ではエネルギー、水、食糧など生存に必須な物質量が総体として減少するはずであり、来るべき災害によっていわゆる環境問題を解決する好機が訪れると考えてもいいであろう。
　著者の筆致は淡々としており、情緒に訴える型の記述は極力排除されている。災害についての記述は被害が中心となることが多い。しかし社会の存続にとって肝要なことは、被害ではなく本書のタイトルに見る「復興」であることはいうまでもない。

（2023年3月4日）

個の独立

『ぼっちな食卓　限界家族と「個」の風景』
岩村暢子著（中央公論新社）

著者は食の研究ですでにいくつかの著書があり、ご存じの人も多いであろう。「食卓」とあるのは、食材とか栄養のような食物自体の問題ではなく、家庭での食事の在り方に関わる調査研究であることを示す。その結果、食卓から現代家族の実態をうかがうことができる。

調査自体は三つの手続きに分けられる。一九六〇年以降生まれの主婦を対象として、まずアンケート、次に食卓の写真と家族各人の食卓の記録、三番目にそうしたデータを参考にした上で、個別の詳細な面接調査である。初回調査は一九九八年から二〇〇九年まで。

大変な調査だと思う。調査される側も、いろいろ面倒だと感じたに違いない。対象は最初は二百四十家庭、十年後には百余家庭、有効サンプルとしては八十九、二十年後には八。こう数を書くだけならなんということはないが、同じ家庭を二十年以上にわたって追跡調査するのは、きわめて難しい。しかもその間、著者は得られたデータについて考え、解析する。そこで浮かび上がるのは、現代家族の在り方である。

全体は六部構成となっており、研究結果の考察に相当するので、統計数字が多出するわけでもなく、ごく読みやすい。研究書ではなく、一般書のつもりで読んで、まったく違和感はない。調査例の中から、著者が典型的と考えるものを選んで解説するから、話が具体的で、いわば「眼《め》に見える」ようになる。

家族のそれぞれが好きなものを選んで、好きなときに、好きなように食べる。その背景となる考え方は「個の尊重」である。とくに子どもに嫌うものを無理に食べさせるのは、食事時間を楽しく過ごす邪魔になる。その種の躾《しつけ》は保育園や学校の給食に任せる。こうしたことは、子どもの教育に限らない。義父母への対応も似たようなものである。

教育におけるいわゆる「個性の尊重」が何を意味するのか、評者自身は長年悩んで来た。その接地点がこんなところにあったとは。現代の若者がしばしば問題とする「自分」は皮膚より中の身体、しかもその時々の軽い生理的欲求に始まる。現代の母親はそういうものをしっかりと認定し、育てている。

生まれてから死ぬまでを一貫する自分という概念は、最後の審判を前提とする一神教世界で成立する。たとえ死んでいても、最後の審判には個人として出なければならないからである。諸行無常の世界には、元来そういうものはない。時間的には天皇家や家制度に見るように、祖先と継続し現在的には周囲と繋がる。最終的には、周囲の自然と一体化する。土から生まれて土に返る。

そうした古くからの思考装置を排除し、素直に独立の個を立てようとする。そんなことが可能かどうか、現代日本社会はそれを実験中だ。そう言うしかなかろう。

事の成否を私は知らない。解答の義理もない。

このように、著者の調査はきわめて本質的な社会の問題を考えさせてしまう。なぜなら話が実証的で、大上段に振りかぶった思想から振り下ろされる上から目線ではないからである。現に自分が生きている日本社会の日常、それがどのように在るのかを着実に教えてくれる。

現代社会を考えようとする人にとって、本書は必読と言えよう。チャットGPTのように、記号操作が中心を占めかけている現代社会では、本書のように接地点が明瞭な作品は貴重である。どこにも接地しなくても、文章は書ける時代だからである。

本書の研究対象は主婦であるが、すでに著者は前作で「日本の主婦の五〇パーセントは、言っていることとやっていることが一八〇度違う」と述べており、それが裏づけられるのは食卓の写真を撮っているからである。本書でも、栄養や健康に関わる職種に就いている主婦が、教室の講義で述べることと、自宅の食卓がまったく一致しない複数例に触れているが、日本社会におけるいわゆるホンネとタテマエの分離の実例として興味深い。

日本社会では立場によって言うべきことが決まっており、自分のホンネは立場上表明していることとは無関係でいいのである。こうした社会で言葉はどれだけ現実を規定するかという問題は常に評者を悩ませている。

我々は現に自分が生きている社会について、じつはかなり無知なのではないか。本書を読了して思う。無知はお前だけだろう、と言われそうだが、本書のような実証的研究が一般化しないのはなぜかと考えてしまう。とりあえず手数がかかってしょうがない。本書のような研究が定量的にも意味を持つようになるには、どれだけの調査が必要か。それを賄える予算がどこから出るか。

日常の食卓なんかより、もっと高級な概念を振り回して、空中戦を演じたほうが格好がいい。社会関係の学問がそれで動いていないことを望む。

ともあれ評者自身にとっては、専門などと関係なく、大いに刺激的で参考になる書物であった。人間には興味がないといつも嘯《うそぶ》いているが、日常は別である。どうしたって日常からは逃れられないからである。食卓はその典型であろう。

（2023年10月7日）

初出「毎日新聞」2005年5月22日〜2023年12月2日

養老孟司（ようろう・たけし）

1937年生まれ。東京大学名誉教授、医学博士、解剖学者。東京大学退官後、北里大学教授、大正大学客員教授を歴任。京都国際マンガミュージアム名誉館長。1989年、『からだの見方』（筑摩書房）でサントリー学芸賞、2003年、『バカの壁』（新潮社）で毎日出版文化賞特別賞を受賞。『唯脳論』（青土社）、『「自分」の壁』『ヒトの壁』（以上、新潮社）、『半分生きて、半分死んでいる』（PHP研究所）、『虫は人の鏡』『〈自分〉を知りたい君たちへ　読書の壁』（毎日新聞出版）など著書多数。

時間《じかん》をかけて考《かんが》える　養老先生《ようろうせんせい》の読書論《どくしょろん》

印刷　二〇二四年二月二〇日
発行　二〇二四年三月五日

著者　養老孟司《ようろうたけし》

発行人　小島明日奈

発行所　毎日新聞出版
〒一〇二-〇〇七四
東京都千代田区九段南一-六-一七　千代田会館五階
営業本部　〇三-六二六五-六九四一
図書編集部　〇三-六二六五-六七四五

印刷
製本　中央精版印刷

ISBN 978-4-620-32801-0